心に残る上州の伝承民話を訪ねて

目次

三 笑い話

四　怖い話

五　カッパ・天狗・鬼の話

八　うたのついている話

表紙絵　子どもを攫《さら》うあずきとぎ婆ばぁ

この本をお読みになる前に

民話は伝承文学であり大人と子どもの伝承文化でもある。不思議なのは民話は作者不詳でその地域や家で長い年月に渡って、文字があまり読み書き出来ない頃からの子どもに前世代の大人が愛情を基盤にして語り継がれてきた。伝承民話は聞いて楽しいおもしろいの性格もあるが上州人の生き方を示唆してきた大切な領域が多々ある様に思える。例えば（六七頁のカッパの恩返し参照）この民話は百姓の爺さんが川沿いの野良で人間を殺すといわれる恐ろしいカッパを捕らえる。しかしカッパは子どもで泣き泣き爺さんにあやまる、爺さんは堪えかねてカッパのこどもを川へはなしてやる。するとその後カッパはお礼に毎晩川魚を爺さんの家に届けてくれるのである。

この民話は「弱い動物や可哀想なものを助けてやるといいことがある」いわゆる動物愛を示唆しているのではなかろうか、こうした民話を聞いて育ったものは「三つ児の魂百までも」といわれるが、成人になってこの動物愛が人間愛に変って行くに違いない。更に（八頁のうばすての話参照）この民話の中の息子は母親を背負ってうばすてに行く、山の途中で背の母親が木の枝を折っている。息子が聞くと母親は「夜になって道に迷って家に帰れなくなったら困るで折った木の枝を目印に帰りな」と。それを聞いた息子はうばすてを止め母を家に連れ帰る（当時うばすてに背くと所払いか打ち首の刑となる）を承知でこの行動をとったのである。こうした深い温情の母親の話に触れるとふと浮かぶのが「渋いとこ母が食いけり山の柿」一茶。母と言う慈愛と英知の存在は時を経ても新鮮さを失わないものである。

さてこのうばすての民話は大切な親孝行を示唆している、しかし現実には親孝行と言うことばは死語になってしまっている。だが今大切なのは「どんな形でもいい親を喜ばせること」ではなかろうか、親を喜ばせ大事にする者は祖父母や近隣の人々も大事にするに違いない。民話を聞いて育った者は大人の成り方がちがうのである。民話は聞く者それぞれが何を感ずるかの共感を広げる性格のものでもある。

さて民話の内容と共に大切なのは子どもは民話を大人から聞かせてもらっているとき愛されていると意識しているのである。民話を語る者と聞くものは単なる連帯感ではなくて愛の連携なのだ。民話を聞く者は語り手から「やさしく見つめられている・やさしく語りかけられている」よってここに欲求が満たされるのである。生活の中で民話を聞きながら生活することによって、子どもは愛情の蓄積となり大人から愛されていると言う自覚の重複によって困難に突きあたっても立ち向かうことが形成されるのである、更に子どもたちの学習にしても算数・理科・社会等の解説すべて子どもの聞く力の活性化となる。この聞く力の基本となるのが幼いころから聞いて育って来た民話なのである。

しかしこの貴重な民話が今途絶えつつあるのだ、誠に残念なことである。先進国・文化国家でありながら負の領域が未来を担う大切な子どもたちの世界にまで及んで来ている。現代の子どもたちの生活環境はかつての子どもの生活とは全く違い少子化の中にあって個室でテレビ・携帯電話・ゲーム・スマートフォン等しごく孤独の生活感の中で育って来ている。そこにはかつての子どもの人間形成とはまったく違った人間形成が成りたって来ている。こうした環境の中で育って来ている子どもは異質な行動に出て来ている、引きこもり・いじめ・家庭内暴力・児童虐待（二〇〇九年全国調査十九万三七八〇件）で、中には尊い子どもの命が失われているのである。民話が語られなくなった世の恐ろしい現象か知れない。

　かつては素朴な生活の中で大人と子どもが込みになっての生き方で古老から謎掛けや民話を語り聞いての生活であった。更に子どもは共同体の中で大事な位置を担っていた、どんど焼き行事・十五夜・十日夜・屋敷稲荷等の年中行事と言う地域の重要な役割を果たしてきた。例えばどんど焼き行事は地域の子どもだけで正月七日頃から村はずれか町境にどんど焼き小屋を作り始める。高さ二十メートル程ピラミッド形で小屋の外側に藁を巻きつけそれに松や杉の小枝を刺して美しいどんど小屋に仕上げる。更に各家の門松や飾り松・ダルマ・書初め等を小屋のまわりに飾り付ける。そして一月十四日夜更け点火。地域の人々は小正月餅・みかん・するめ・繭玉等を持って小屋に集まり「どんど焼きの火で焼いて食べるとその年疫病にかからない」のだと。

　また村はずれ等にどんど小屋を作るのは家や地域に一年間散在していた疫病や邪鬼を小屋で焼き尽くし、更に新しい年に外部から侵入する疫病等村はずれ（境）で焼き払い今年一年を地域の人々が無病息災で幸せに暮らせるためなのだと。これほど大事な役割を地域の子どもが果たしてきたのだ。こうした年中行事を通して相手の気持ちを汲んだり思いやり合ったりして生き抜いてきた。そこで大切な人間形成のあり方と社会性を身に付けて育って来たのである、いま子どもの心の形成を培う一領域にやはり民話も大切と考えられる、例えば（六五頁カッパに負けた子どもの話参照）、（二九頁のお地蔵様のお礼の話参照）。この二話の民話は祖先等への願いや祈りが秘められている。こうした願いや祈りの民話に触れて育った子どもはやさしさや思いやりの心が培われて行くに違いない、群馬の伝承民話には子どもの心の形成づくりの深層が多く秘められているのである。

　こうした貴重な民話の衰退を知ったのは昭和四十年代末、民話調査の折り原話者の古老から「この頃、孫や子どもが昔話ぃ聞きたがらなくなったいのう」の述懐を所々耳にする様になった、原話者のこの声は頗る衝撃であった「長い年月に渡りその地域で古老の口から子どもの耳へそして心へと伝承されて来た貴重な伝承民話が途絶えてしまうのだ」このことに心を痛めていた矢先のこと。朝日新聞前橋局から群馬の伝承民話の連載の依頼があった昭和四九年十一月のこと、しかし応ずるべきか否か戸迷った「民話は口頭伝承の民俗で文字化する性格のものでない語り継ぐ民俗なのだ」を貫いて来た故。しかし朝日新聞では「消滅の途上にある民話の現状をすでに捕えての企画なのだ」を強く感じた。そこで企画に協力、群馬各地の伝承民話百編程を書き終えることが出来た。そしてこれが東京の出版社から「上州の民話」と題して日の目を見るに至った、そして連載当初から多くの方々から賛同を得たことは少々驚きでもあった。

　連載を通して「地域の縦軸で価値あるもので消滅の途上にあるものは文字化して後世に伝承しなければ」を意識する切っ掛けとなった。その後群馬の口頭伝承の民俗と共に伝承民話の出版を続けて来た。内容は県内各地で採集した伝承民話を方言そのまま掲載。しかし読者の方から「民話の筋は解るが方言が少々理解し難い」の声もあった。民話の中の方言は貴重で群馬の風土と人柄が滲み出ていて、上州の民話らしさはここにあるのだ。しかし消滅の途上にあり貴重な群馬の伝承民話を一人でも多くの方々に理解して戴くには「方言を標準語に変容も止むなし」と考え本書では過去に出版した民話からの抜粋と、採集して未発表の伝承民話を掲載。但し物語りの中の会話の部分の方言は残し（標準語に訳し）他はいずれも方言を標準語に訳して読み（語り）やすくした次第である。

次代を担う子どもたちに群馬の伝承民話を語り聞かせて心豊かな人づくりの一環として戴ければ幸甚である。

最後になりましたが本書出版を承認戴き更に出版完了に至るまでさまざまご配意いただきました上毛新聞出版部の一倉基益氏、表紙と扉字をお書き下さった農民書家の髙橋清城氏、表紙絵とカットを描いていただいた画家の川浦三津枝先生、更に採集調査で協力戴いた県内各地の原話者の皆さんに深く感謝申し上げます。

令和三年　晩春

著者　酒井正保

一　親を思いやる話

山の穴の中にかくしておいた母親

むかしむかし、婆さん（母親）をうばすてをすることが出来ず、山に穴を掘ってその中にかくしておいた息子がいたんだとさ。婆さんがある日息子に

「わしぃいつ山へ連れていぐんだい、連れていがねえと、お上に家の者が皆んな殺されてしまうんだよ、早くうばすてしてくれ」

ってゆうんだと、息子はお婆さんが可哀想で、どうしてもうばすては出来ないで困っていたと、すると婆さんが

「そんなに、わしぃ（私を）山めえ（山へ）すてるんがやなんなら、近くの山めえ穴を掘って埋めてくれろ」

ってゆうんだと。息子は近くの山に深く穴を掘り、穴の底にむしろを敷き婆さんを穴の中に入れたと、息子は土を埋めることはどうしても出来ず穴の近くでじっと考えていると、穴の中の婆さんが念仏を唱えていたがふと止めたかと思うと

「早く土を埋めてくれろ。早くに土を埋めてくれろ」

って叫ぶんだと、それでも息子はどうしても土を埋めることが出来ずいたが、ふと思いつき、穴の上に丸太を並べその上にむしろをしき、竹やぶから太い竹を一本切って来て中の節を払い、穴の上からその竹を穴の底に差し込だと、そして穴の上のむしろの上には土を厚くかけたと、そして毎日むすびと水を竹づつに入れてやったと、むすびと水が届くと念

仏を唱えていた母親が念仏を止め、念仏鉦を一つ打って息子に合図するんだとさ。息子は母親が可哀想で夜も穴の所で明す晩も時々あったと、ある朝息子がにぎり飯と水を竹づつから入れたが合図の鉦の音がないんだと、息子は竹づつから
「母ちゃん　母ちゃん　母ちゃん」
と叫び続けたと、しかし母の返事の鉦はなく息子はその日家に帰らず、穴の所で泣きあかしたんだとさ。

うばすての話

むかしむかし、雨が少しも降らず日照りがずっと続いたので、その村では作物を穫ることが出きず、食う物がなくて大変なことになってしまったんだとさ。
その村では六十才になると、うばすて山へ年寄りは捨てることになっていたんだと、その家の母親は六十才になっていて、食べる物もない毎日なので、ある日母親は息子に
「わしい山へ連れてってくれろ（連てってくれ）」
とゆったと。すると母親思いの息子は返事をしなかったと。母親は
「うば捨てをしねえ（しない）のがお上に知れると、家の者は打ち首にされるんだ、おっかさんのゆうことを聞いて、うば捨て山へ連れてってくれろ」

ってせまるんだと、母親思いの息子は、それでも返事をしなかったと。息子は考えに考えたあげく。
「うば捨て山へ捨てれば、母ちゃんなあその晩のうちに、狼に引きちぎられて食われてしまう、おれにやあ（おれには）どうしても母ちゃんを、山へ捨てられねえ」
ってゆって母親を、奥の部屋に人に知れねえように、かくしておいたと。
それから何日たつと、村にお上からのたっしが出たと、
それは「灰いで縄をなって出せ」とゆうのだと、村人たちは皆んな困り果てていたと、ところが、母親をうばしてこなかった息子は、
このことを、かくしておいた母にたずねたと。すると母親は
「それはな、縄をうんとかたくなって、縄に塩をよくまぶして、かてえ（かたい）板の上で燃すだ。すると灰の縄が出来るで、それを藩に持ってやぶんだ（行くんだ）」
と教えてくれたと、息子は母親が教えてくれた様にして、灰の縄を作り藩に持って行ったと、すると殿様が灰の縄をみるなり、
「どのようにして、この灰の縄を作ったのかな」
と聞くんだと、息子は答えられず振えていたと、するとそばにいた役人が、「殿様のご前だ早く正直にゆえ」っと迫るんだと、息子はしかたなく
「このことを、うば捨てをしねえで、かくして置いた母ちゃんに教えてもらったのでごぜえます」
とゆうと、殿様はしばらく考えていたが
「よろしい、よくぞ言ってくれたこれからは年寄を、うば捨てしてはならない」

といって、その村ではうば捨てがなくなったんだとさ。

親孝行のカラスと、親不孝のきつつき

むかしむかし、あったげだぁさあ、カラスが農良で畑仕事をしていたと、するとそこへ、使いの者が飛んで来て

「カラスサン、カラスサン、カラスさんの母親が今死にそうだから、急いで来てくんな（来て下さい）」

ってゆうんださ。カラスはすっかり驚いてしまい、汚れた仕事着のままで、夢中になって母親の所へ飛んで行き、死にそうになっている母親に会って、出来るだけ世話をしてあげたんだとさ。しかし可哀想なことにカラスの母親は死んでしまったんだと、カラスは母親が死んでしまったので、幾日も幾日も泣いていたんだと。

ところが、それをみていた神様が、まじめで親孝行のカラスに

「お前は母親が死にそうになってるのを聞くと、真黒になって野良で働いていた汚ねえ仕事着のままで、夢中で母親の所へ飛んで来て、死んで行く母親のめんどう見て、えらいやつだ、お前は体は真黒できたねえが、一生会える様にしてやる。墓場のダンゴでも何んでも食っていい」

と神様にいわれその後、幸な暮しをすることが出来るようになったんだと。
ところが今度は、きつつきの所に使いの者が飛んで来て
「きつつきさんの父親が今死にそうだぜ、すぐ来て」
とゆうんだと、きつつきは
「こらあ大変なことだ、親もとへ行くにはきちんとした支度もして、いがなけりゃあなんねえ」
っていいながら長い時間をかけて、うんときれいになって、父親のもとえ行ったところが、きつつきの父親は死でしまった後で、父親の死にめにも会えなかったんだと、それをみていた神様が、うんと怒って
「きつつきよ、お前は父親が死にそうなのに、お化粧したり長い時間をかけて、お洒落をしていて、とうとう父親の死に目にもあえなかったな、お前の様な親不孝者は、一日三匹だけしか虫を捕って食ってはならねえ、それも山に生えてる堅い木から虫を捕って食え」
といいつけたと。それからきつつきは普通のものは食うことが出来ず、一日三匹だけ堅い木をつっついて、虫を捕って食い夜になると
「口ばしがいてえ（痛い）よう口ばしがいてよう」
って一晩中泣いていたんだとさ。

うばすての話

むかしむかし、母親をうばすて山へすてに行ったが、母親を山にすてられず家に連れて来た息子がいたんださ。

ある日その息子が

「おっかさん、今日はいよいよ山へ行く日だぜ、俺の背中におぶさってくんな（おぶさって下さい）」

といって、母親を背負って山の中へゆっさこ、ゆっさこ入って行ったと。途中までいぐと背中におぶさっている母親が、木の枝をボシ、ボシっと折っているんだと。息子は不思議に思って

「おっかさん、なんで木の枝ぁ折っているんだいのう（折っているんですか）」

と聞くと、背中の母親は

「わしやあ、やめぇ（山へ）すてられればいいが、暗くなっておめぇさんなあ、家にけえらなけりゃあなるめえ（帰らなければならない）わしが、木の枝あおつくしよって（折って）おいたのを、目じるしにすれば、家にけえれるだよ」

ってゆうんだとさ。息子は、母親のそのことを聞いて、母親を山にすてることが、どうしても出来ず、母親をそこへ降し母親の横に、どうずわって（腰を降して）夜になるのを待ったと。それで人に知れねえように、家に母親を背負って来て、家の奥の部屋に母親ぁかく

しておいたと。

するとき隣の国の殿様が、

「あの国は、年寄をうばすてする様な馬鹿な国だから、戦争して取ってしまうべえ（取ってしまおう）、しかし、その前にあの国にも、知恵のある奴がいるかためしてみよう」

といって、大人の頭程の丸い石の真中に、細い穴がくねくね曲って開いてる石を、うばすてをする国の殿様の所に持って来て
「お前の国に、この石の細え穴に糸を通せる者がいるかな」

といって、その石を置いて行ってしまったと。

うばすてをする国の殿様は、

「こんな細え穴に、どうにして糸が通せるんだ」

といって困り果てていたと。するとそのことを聞いた、うばすてをしないで母親を、山から家に連れて来た息子が、殿様の所に行って
「殿様、その石の穴に糸を通すのを、わしに一晩だけ考えさせて、下せえまし（考えさせて下さい）」

といって、その石を借りて来たと。それで、うばすてを止めて家の奥にかくしておいた母親に、この事を聞くと母親は
「それはなあ、穴の片方にあめえ（甘い）ミツをぬっておくだ、それから片方の穴からな、ありご（あり）に糸をゆええつけて（ゆわいつけて）穴に入れれば、ありはミツが食べたくって、糸を通してくれるだよ」

って教えてくれたんだと。息子は母親が教えてくれた様にして、細い石の穴に糸を通して

殿様の所に、石を持って行ったと、すると、それをみた殿様はびっくりして
「この細い石の穴に、どのようにして糸を通すことが出来たのかな」
っと息子に聞くんだと、息子がふるえていると殿様は、
「早くゆえ、早くゆえ」
とせまるんだとさ、息子は
「殿様、お許し下さい。実はうばすてをしねえで（しないで）かくしておいた母親がこのことを教えてくれたのでごぜえます。殿様お許下さい、お許し下さい」
とあやまると、殿様はしばらく考えていたが
「これから、この国ではうばすてはしてはならない」
といって、その国ではうばすてを止め、むすこはたくさんのほうびをもらうことが出来たんだとさ。

母親をうばすてしなかった息子

むかしむかし、六十才になった母親を、可哀想でどうしても、うばすて山へすてることが出来ない息子がいたんだとさ。

うばすてをしないのがお上に知れると、その家族はその村に住むことが出来ず、外の村

へ追いやられてしまうんだとさ。息子は考えて母親を床下に穴を掘り、その中に住わせておいたと、その後水と飯を毎日運んで食べさせていたんだとさ。
ある日、お上から
「お城の中の大太鼓の胴まわの木に、ありが細くてくねくね曲った穴あ開けてしまったぜ、これに糸を通せる者がいるかな」
とゆうおふれが出たと、しかし村では誰も答えられる者はなく、ただ「困った困った」とゆってるだけだったと、ところがこのことを聞いた、うばすてをしなかった息子が、かくしておいた母親に、このことを話すと母親は
「それはなあ、太鼓の片方の穴に赤松のこぶしに出ている甘えミツを取って来てな、ぬってておくだよ、ありはなあ甘えもんが大好きだからな、ありに糸を結びつけて反対の穴から入れれば、糸を通すことが出るだ」
って教えてくれたと、息子は母親が言ったように、山に行って赤松のこぶしを見つけて、ミツをとり、ありと糸を持ってお上に行き、母親が教えてくれたようにして、反対の穴からありを入れたと、そして、しばらくすると、糸をつけたありがミツの所に来て、ミツを食べているんだとさ。息子はありをつかまえて、見事糸を太鼓に通したと。それを見ていた殿様が、
「その見事な業《ワザ》、誰に教えてもらったのかな」
と息子に聞くんだとさ。息子はしばらくだまっていたが
「ハイ、かあちゃんが可哀想で、どうしてもうばすて出来ず、実は床下にかくしておきました。その母親に、このことを教えてもらったんでごぜえます。殿様お許し下さいお許

し下さい」

とあやまったと。すると殿様はじっと考えていたが、

「年寄りはすごい知恵を持っている。これから、この国では年寄りを、うばすてはしてはならない」

とゆって、うばすてがなくなったんだとさ。

二　不思議な話

お姫様と白馬

むかしむかし、とっても美しい姫様がいたんだとさ。その姫様は信州小諸城のお姫様だったんだと、姫様は馬がとっても好きだったんだと、城にある馬小屋の所を通るときはいつも馬の顔を、やさしく手でなでてやったりしていたと、ところが、馬小屋にいる一匹の白馬が番頭が餌を与えても食べなくなってしまったんだと、そして姫が餌をやると白馬は耳をそば立て、尻尾を左右にチョッポ、チョッポとふって喜んで餌を食べるんだと、それを見た家来の者がたまりかねて、その事を殿様に申し出たと、すると殿様は

「姫と白馬がそんなことがあるものか」

とゆって家来の言う事を疑ったと、しかし姫と白馬の恋仲の話は城中に広まったと、それを耳にした殿様は心配になって、雨の降る晩、馬屋の近くに行って、そっとのぞいて見ていると何んと、姫が白馬に寄りそって「白馬の嫁になる」と話しているんだとさ、それを聞いた殿様は家来を呼び

「姫と白馬を引き離せ」

と命じたと、家来たちは「白馬と姫をどうに引き離すか」を相談あった結果「白馬に馬場を百回続けて走れれば、姫を嫁にやる」ことにきめ、そのことを白馬に伝えると、白馬はたてがみを立てて喜び、馬場を走ることになり、白馬は約束どおり馬場を走りはじめたと、そしてあと少しで百回に近づくこととなると、家来たちが「このぶんでは姫を白馬にとら

れてしまう」といって家来の一人りが合図（終り）の鐘をカンカンカンと打ったと、すると白馬はその鐘の音を聞くと、たてがみをシャンと立て、耳をそばだてヒヒーンと悲しげに一声ないて、その場にばったり倒れて死んでしまったんだと。それを見ていた姫はとても悲しがり、七日七夜泣きあかしたとさ。それで白馬が死んでから三原の村では白馬を飼う人はいなくなったんだとさ。

ワァウーと鳴くばけもの

むかしむかしワーウーウーってなく、おそろしいばけもんがいたんだとさ。

そのワァウーは夜になると、山にある山人《やまど》の小屋をまわり歩いて、ワァウーと叫びながら小屋をゆするんだと。ある日村のマタギが武尊山《ほたかやま》の刈俣《かりまた》に、泊りがけで猟に行き夕暮になったので、ちっちゃな小屋をつくりその小屋に泊っていると、ワァウー、ワァウーと恐しい声がして来たかと思うと、泊ってる小屋をユッサ、ユッサゆするんだと。マタギは

「話しには聞いていたが、こんな恐ろしい目に合うのははじめてだ」

っていいながら、その晩はいっすいもしないでふるえていたんだと。そして夜のあけるのを待って、マタギは家に急いで帰り家族と村の人達に、

「夜中に山でワァウーばけもんに出合って恐ろしい目に合った」

って話したと、すると村の人達は
「やっぱしワァウーのばけもんなあいるんだ、このぶんじゃあうっかり山へ入るのはやめるっぺ（やめよう）」
っていっていたと。それから二、三日して村のまげもの作り（木のしゃもじなど作る職人）が材料にする木をとりに、武尊山の刈俣の所に小屋をつくり、夜になったのでその小屋に泊っていたと、すると、向うの山の方からワァウーワァウーと恐ろしいなき声がして来て、それがだんだん小屋に近づいて来たと、そのなき声が恐ろしくて、その晩はねむれなかったり二、三日小屋から外へ出られなかったんだと。ところがある晩またワァウーワァウーって恐ろしい声で近づいたかと思うと、小屋がつぶれる程ユッサコ、ユッサコゆするんだと、小屋の中にいたまげもの作りは恐ろしくて
「遠くの桑原、遠くの桑原」
って唱えながら小屋の中で一晩中ふるえていたと。それで夜が明けるのを待って
「このぶんじゃあ山にはいたたまれねえ。急いで家ぃけえるっぺ（帰ろう）」
といって急いで家に帰って来て、村の人達にワァウーの恐ろしいめに合ったことを話したと、するとそれからは武尊山の刈俣には、村人は恐ろしがって誰も入らなくなったんだとさ。

正直な女中（お手つだい）

むかしむかし、あるうんと大尽の家に正直な女中がいたんだとさ。ある日その家の主人が女中に
「今日は正月十五日だ、これから俺は出掛けるがこの家ではな、昔からこの日は、火を絶やしちゃあならねえことになっている。最し火を絶やすと福の神が家に入らねえといわれるから、お前は火の番をして、どんなことがあっても火を絶やさねえようにしてくれ」
と頼んだと。女中はその晩古い木の古根っこなどいろりにくべて火を燃やしていたが、疲れてふと眠ってしまったと、するとその間に火はすっかり消えてしまったんだとさ。
女中はあれ程主人にきつく頼まれながら火を絶やしてしまってすまないことをしてしまったと思い、近くに火を燃やしている家はないかと思って、さがしたがどこにも火を燃している家はなかったんだとさ。
女中がふと山の方を見ると、山のふもとに小さく灯が見えるんだと。女中はその火をめざして、夢中で走ったとその家にたどりつくと、雨戸のすきまから家の中をのぞくと、年とったうす気味の悪い婆さんが、出刃包丁を研いでいるんだと。女中はおそるおそる
「お晩です（こん晩は）」
って声を掛けると婆さんはふり向いて怖い声で
「こんなおそくに誰だ」

ってゆうんだと、女中は
「だんな様に頼まれた火をねむってしまい消してしまったもんで、申し訳ないが火をもらいに来たのですが」
とゆうと、婆さんは
「そうか火はやるが一つおねげえがある。この棺ばこを背負って行ってくれるか」とゆうんだと。女中はふるえながら棺ばこを背負い火をもらって家に帰り、主人に知れねえようにに棺ばこを、台所のすみの方に降して、いろりに火をたいていたと、しかし「死人の入った棺ばこなんか持ち込んで」と主人にひどく怒られると思い、翌朝早起きして、棺ばこを開けてみたと、すると棺ばこの中には、お金がいっぱい入っているんだと。女中は驚いて主人を起こしに行き、主人に昨夜のことを正直に話したと、すると主人も驚いて棺ばこの所に行き、ふたを開けてみると、女中が言うようにお金がいっぱい入っているんだと、それを見た主人は
「お前が正直だから、この様なことになったのだ、このお金はお前が全部持って、お母さんの待つ実家に帰り、お母さんと仲よく暮しな」
といわれ、お金をもらい女中は母親と仲よく暮すことが出来たんだとさ。

神かくしにあった子ども

むかしむかし、神かくしにあった子どもがいたんだとさ。

その村に大きな柿の木のある家があったと。

村の子どもたちは、その柿木の下で遊んだり、柿の木に登ったりしていたと、ある日のこと、いつものように村の子どもが柿の木の下で遊んでいたと、ところが元気のいい一人りの男の子が柿木に登って遊んでいたと、ところが急に男の子の姿が見えなくなってしまったんだと、下で遊んでいた子どもたちはおどろいて、

「よう、どこへかくれてしまったんだ、早く降りて来いよ」

と呼びかけたが、とうとう姿を見せなかったんだと。子どもたちは心配で家に帰ってその事を家の者に話したと、すると近所の人達が相談して、村中に連絡し柿の木から消えた子どもをさがしたと、しかしいくらさがしても見つからないんだとさ。

村の人達はすっかり困ってしまって、柿の木の下で遊んでいた子どもたちに、柿の木の上からどっちに行ったか聞いたと。すると子どもたちは
「どっちに行ったかわかんねぇ、奴が柿の木の上で一人りで遊んで居るのを、見ただけなんだ」

ってゆうんだとさ。村の人たちは
「あといっぺん村中をさがして見つけよう」

といって朝から晩方までさがしたが、見つけることは出来なかったと、村の人たちは皆んながっかりしてしまったんだとさ。

ところがそれから三日目だったある日、いなくなっていた男の子が、ひよっくら家にけえって来たんだと。家の者も村の人たちもびっくりしてしまったと、それで家の者が男の子に

「おめえは、幾んちもどけえ行ってたんだ」

って聞くと男の子は

「おれもどけえ行ってたんだかわかんねえ、たしか、おてんとう様のそばぁ通った。その時は暑くってしようがねえんで、頭にさらぁかぶせて通ったりした」

ってゆうだと。村の人たちは

「そらあ神かくしにあったんにちげえ（違い）ないってゆったんだとさ。

坊主頭の大男に出会った山人《やまど》

むかしむかし山の仕事をする若衆が、山道ででっけえ化け物の男に出合ったんだとさ。

その若衆は山奥から炭を背負子に二袋つけて、村まで背負い出す仕事をしていたんだと。山奥からなんと一日に二回しか村まで運び出すことは出来ないんだと。しかし毎日毎日

まじめに働くその若衆を、村の人たちは
「よく働く奴だ、しんぼうがい」
といってほめていたと。
ある冬のうんと寒い日だったんだと、その日は近所の人が背負出しの手伝をしてくれる事になって、夕方二人りで炭を背負って急な山を降りて来たんだと。すると山道の近くでギヤアオー、ギヤアオーと不気味な声でなくものがいるんだとさ。そのうちに若衆の前に、ザワザワーっと、大きな音を立てて、山のようなでけえ生きものが飛び出して来て、立ちふさがったと、二人はぶったまげてふるえながら
「おれたちのめえに、立ちふさがった者はこらあ何者だんべえ」
ってゆいながら恐る恐る近ってみると、何んと、頭は丸坊主で大きな化けもんで、真黒の着物を着て、でっけえ目玉ぁぎょろり、ぎょろりさせながら、胸にはもさもさ生えてる長い毛を、でっけ手でバリバリー、バリバリーっと音を立ててなでているんだと。
するとと若衆といっしょにいた近所の手伝いの者が
「おい、俺たちぃ通さねえつもりか」
ってゆいながら、近くにあった頭程の大きな石を、両手で持ち上げてその化けもんに投げつけたと。
すると化けもんは、山の奥へバサバサっと無気味な音を立てて、逃げて行ってしまったんだと、それで二人りは無事うちに帰ることが出来たんだとさ。その後村では、誰ゆうとなく、山へ行く時は坊主頭のでっけえ山男が出るから気をつけろってゆったんだとさ。

ぬかぶつと米ぶつ

むかしむかし、あるところにぬかぶつとこめぶつという姉妹がいたんだとさ。ぬかぶつの母親は、ぬかぶつが小さいとき病気で死んでしまったんだと。米ぶつは次に来た母親の子どもなんだとさ。米ぶつは母親にうんとかわいがられて育ったと。ある日その母親は、ぬかぶつと米ぶつに

「山へやんで（行って）栗い拾って来い、うんと拾って来た者を、芝居見に連れていぐ」

っていって、二人りの子どもにそれぞれ袋を持たせてやったと。ところがぬかぶつの袋の底に大きな穴があいていて、いくら栗を拾い込んでも、栗は穴からもぐって出てしまい、少しもたまらないいんだと、ところが妹の米ぶつは、袋にいっぱい栗を拾い姉を山において、一人りで家に帰って行ったと。

姉のぬかぶつは、いくら栗を拾っても袋にたまらないので、山の中で泣いていたんだとさ。するとそこへボロの着物をきた白髪の女の人が現われたと。ぬかぶつはその女の人を見て、びっくりしてしまったんだと。その女の人が死んだ母にそっくりなんだとさ、するとその女の人は

「ぬかぶつや、なぜ泣いているのかい」

って聞くんだと。ぬかぶつが泣きながらわけを話すと、その女の人は一本の小槌をぬかぶつに渡しながら

「ぬかぶつや、困ったときこの小槌で地面をたたけば、自分の願いごとがかなえるからな」って教えてくれたと。ぬかぶつはさっそく
「糸と針出ろ」
といいながら地面を小槌で打つと、針と糸が出たと。ぬかぶつは袋の穴をぬい栗をいっぱい拾って家に帰ると母親が
「ぬかぶつ、おめえは栗を拾って来るのがおせえから、芝居には連れていがねえ、おめえは水車で栗つきをしろ」
といいつけて米ぶつを連れて芝居見に行ってしまったと。
ぬかぶつは一人りで水車で栗つきをしていたと。すると、そこへボロの着物を着た白髪の女の人が現れて
「お前は山でもらった小槌があるわけだ、「いいベコ（着物）出ろ、かごかき（おかご）出ろ」ってやってごらん」
とゆうのだと。ぬかぶつが小槌で「きれいな着物出ろ、かごかき出ろ」と地面を打つと、きれいな着物とおかごが出たと。ぬかぶつはさっそくその着物に着がえ、おかごに乗って芝居見に出掛けたと。するとそこを殿様の息子が通りがかり、きれいなぬかぶつは殿様の息子に見そめられ、殿様の息子の嫁になったんだとさ。

蛇男と娘

　むかしむかし、村きっての美しい娘がいたんだとさ。ところがそのきれいな娘は、蛇と仲よくなってしまったんだと。その蛇は男に化けて毎晩のように娘の所にやって来るんだとさ。

　しかし、その蛇の正体を見た者は誰もいなかったと。娘の家の者は
「このごろどうも娘の様子がおかしい」

とゆっていたと。そのうち娘の体が変なふうに、おとろいていぐようになって来たんだと。

　家の者は心配して、

「あれはただの男ではねえぞ、今夜男が来たら針にきぬ糸を通して、男の着物のすそを三針ぬってそのままにしておけ」

と娘にいいつけたと。娘は男が夜来るのを待って、男の着物のすそに針をぬいつけてやったと。男はそれとは知らず帰って行ったんだとさ。

　次の朝、家の者はきぬ糸をたよりに行ってみたと。その糸は山奥のホコラ（祠）まで続いっていたと、するとホコラの中でウーン、ウーンと大きなうなり声がしてるんだとさ、よく聞いてみると蛇の親が怒りながら、息子の蛇にいい聞かせているんだと
「お前は蛇なのに人間様に恋をするから、ぬい針を刺される様なひどいめに合んだ」

ってゆっているんだと、すると息子の蛇が

「おっかさん、おらあこれで死んでも後悔はねえ、あの娘のお腹の中にはおれの子がうんと出きてるんだよ」

ってゆっているんだと、すると親蛇が

「人間様はりこうだから、蛇の子だと知れれば、薬を飲ませて娘の腹の子を、くだしてしまうだんべ（しまうでしょう）。特に川っ渕に生えてるショウブを、酒の中に入れておきそれを飲ませれば、子どもはくだってしまう」

ってゆっているんだと。

家の者は親蛇のそのことを聞いて、家に帰り娘にショウブ酒を飲ませたと、すると蛇の子が百匹も死んで出て来たんだと。それからこの村では五月五日には、ショーブ酒を飲むようになったんだとさ。

化け猫とお粥

むかしむかし、お粥の大きらいな父親がいたんだとさ。ある日その父親が遠くの親せきに行くことになったんだと。その父親は朝早く家を出て親せきに向ったと。家の者は、

「今日は、父《と》っちゃんがいねえで久しぶり夕飯はお粥にすべえ（しましょう）」

ってゆって菜っぱと大根を切り込んでお粥を作ったと。そしてその晩は家の者と飼い猫に

も粥を食べさせたと、ところが猫は粥に口をつけたが粥が熱くて、口を左右に振ってその後粥に近づかなかったんだと。それとは知らず次の日の夕方父親が、遠くの親せきら帰って家の近くの墓場の所まで来ると、変な話し声がするんだとさ、不思議に思って立ち止って聞いてみると猫が

「俺の家はなあ、親じが留守なもんで親じの大嫌なお粥を作り、それが熱くて口いやげどしてしまった。親じが居れば親じはお粥が大嫌えだから、お粥なんか作らねえんに」

ってゆってるんだとさ、墓場をのぞいてみると、何んと八匹の猫が手拭いで頬かぶりして「親じが来え間にストトン踊れ」と歌いながら猫が踊っているだと

親じは急いで家に帰り、家の者に

「俺の留守にお粥をして食べたのか」

って聞くと、家の者はおどろいて

「どうしてお粥をしたことを、あんたあ知ってるんだいのう（知っているのですか）」

と聞くんだと。父親は

「旅から家の近くの墓場の所まで、帰って来ると、家の猫の声でな父親が留守なもんで、父親の大嫌えな粥を作り、それが熱くて口いやけどしてしまった、とゆってたんだ」

って家の者に話したと、家の者はびっくりしてしてしまったと。そして、その以後猫は家に帰って来なかったんだとさ。

なめくじに食われたキノ助

むかしむかし、きのことりの大好きなキノ助という人がいたんだとさ。ある日キノ助はきのこを入れる籠を背負って、山へきのことりに出掛けたと、山に入ってみると、その日に限ってきのこが、たくさん生えているんだとさ。

キノ助はよくふかな人なんで、

「まっと（もっと）奥の山へへえれば、うんときのがへえてる（生えてる）だんべぇ（だろう）」

といって山奥へ入って行ったと、するときのが生えてる生えてる。じこうぼう茸やねずみ茸などなど、そこでキノ助は背負っていた籠を降して、きのこをとろうとしたところ、何んとでっけえなめくじがどのきのこにもついてきのこを、ペロペロ、ペロペロ音を立ててなめているんだと。キノ助はなめくじが大嫌いなもんで

「おらぁ、なめぐはきれえだ、まっと（もっと）山んなけぇへえれば、なめくじのいねえいいきのこがあるだんべえ」

ってゆって、山の奥へ奥へと入って行ったとさ。

そうこうしてる間に、とうとう日が暮てしまったんだと。キノ助は家に帰ろうとしたが、あまり山奥に入り過ぎてしまったので、帰れなくなってしまったんだとさ。

村では夜になってもキノ助が家に帰って来ないので、村中に連絡して山に入ってキノ助

をさがすことになったんだと。村人は相談あって、村の神社や寺にある鐘や太鼓を手にしてたたきながら、さがすことになったんだと、太鼓や鐘を青竹にゆわえ付け、それをさしかつきにかつぐ者とたたく者に決め、夜の山の中に入り

「きいきいのきの助、ドンガラドンドン」

と囃し立てそれをくり返し、一晩中さがしたが遂とさがし出す事は、出来なかったんだと、それでキノ助は幾日たっても家に帰って来なかったと。村人たちは

「キノ助は山奥で、でっけえなめくじに、なめ殺されてしまったんに、ちげえねえ（ちがいない）可哀想なことをした」

とゆっていたんだとさ。

お地蔵様のお礼

むかしむかし、正直な爺さんと婆さんがいたんだとさ。そのうちはうんとびんぼうだったと、それで正月が来るのに餅もつけない仕末だったんだとさ。

爺さんは、おおみそかの日に自分で作った木鉢と、婆さんが織った布を背負って、雪の降る中を町へ売りに行ったと、しかし雪は降っているし、おおみそかの日のせいか誰も買ってくれる人はなかったんだと。そこで爺さんは雪はうんと降っているしあきらめて、とぼ

とぼ家へ帰りはじめたと、町はずれまで来ると道端に、お地蔵さんが六人雪の中に寒げに突っ立っているんだとさ、それを見た爺さんは
「お地蔵さん、雪ん中で寒いんだっぺ（寒いでしょう）」
ってゆいながら婆さんが織った段物を破ってお地蔵さんの一人り一人りに、ほおかぶりをしてやり頭の上に、木鉢を笠がわりにかぶせて家に帰って来たと、すると婆さんが爺さんを見るなり
「爺さんや、布は売れたんべかそれに、正月買い物をして来てくたんべか（くれたですか）」
ってゆうんだとさ、爺さんは
「布も木鉢も誰も買ってくれなかった、それでな、お地蔵さんが寒げに雪ん中に、突っ立っていたもんで、おやげなく（可哀想）なって、おめえ（お前）が織った布で、ほおかぶりをしてやり、頭の上に笠がありにな木鉢ぃ乗せて来たんだ」
ってゆうと、それを聞いた婆さんが
「へえーお爺さん、そらあお地蔵さんにいいことを、してくれたむし（してくれたね）」
ってゆって大変よろこんだとさ。それで、その晩の夜中のことだと、表の方で
「それ引けやれ引けヨーイシヨ、ヨーイシヨ」
ってソリを引く掛け声がして来るんだと、爺さんと婆さんは
「こんな雪の降る夜中ぁ、ソリぃ引くなあ誰だっぺ（誰でしょう）」
ってゆいながら雨戸のすき間から外を見ると、何んと今日木鉢い頭に乗せて来た、六人のお地蔵さんが、ソリに米だの餅や魚をたくさん積んで来て、爺さんの家の庭にそれを降して帰って行ったと。爺さんと婆さんはお地蔵様のお陰で、いいお正月をすることが出来た

んだとさ。

十二様（山神）の祟り

むかしむかし、十二様にシトギ餅を奉納しない村人がいたんだとさ。その村では秋の十日夜の日に誰の家でもうるち米の粉で作ったシトギ餅を、山の毛根にある十二様に奉納するのだと。

ところが村のある家では十日夜の日にシトギ餅も作らず、その日主人が山へたき木とりに行ったと、それで昼飯近くになったので持って来た弁当を食べようとすると、後の方でガサッと変な音がしたんだと。その村人は不思議に思って振り返ってみたが、何んの音さたもないので弁当を食べはじめると、すると真黒で毛だらけの太い腕が村人の後の方からニユーッと出て来たかと思うと、何か欲しげに大きな手を広げているんだと、村人はその恐ろしい手をみるなり、震えが止まらなくなってしまい、

「今日は十日夜で十二様へシトギを進ぜる日だが、おらあ（俺は）山神様へ何にもしねえから山神様が怒っているんかも知れねえ」

ってゆって家へ飛び帰って来たと、すると家の者がそれを見て

「おとっあん（お父さん）そんなにあわてて、どうしたんだいのう（どうしたんですか）」

ってゆうと

「山でなあ、昼飯い食いはじめたら毛だらけで真黒の太え腕が出て来てな、何か欲しげにでっけえ手を広げているんだよ、あらあ山の神様の仕わざにちげえ（ちがい）ねえ」ってゆった後、ばたっと倒れて病みつき寝込んでしまい、それから七日目に死んでしまったんだと。

村ではこの話を聞いて

「十日夜の日には、誰の家でも山の毛根にある十二様へシトギを供えることになっている、これをしねえから山神様の祟りに合ったんだ」ってゆって恐ろしがったと。

三　笑い話

チン小僧さま

むかしなぁ、あばれんぼうの子どもがいたんだとさ。その男の子は、近所のおとなの名前を呼びすてにしたりして、親は困っていたと、ある日母親が村はずれの店に、お使いに行くことになったんだとさ。すると、あばれんぼうの男の子が母親の後をついて行ったんだとさ。ところが村で大事にしている庚申塔に男の子が小便をかけようとしているんだと母親はあわてて、

「そりゃぁ庚申さまだ、ばかなまねぇするんじゃあねぇ」

といって、ようやくのことで止めさせたと、ところが男の子は、

「おっかちゃん、なんで庚申さまってゆうんだいのう（ゆうのですか）」

っと聞くんだとさ。母親は困ってしまって、

「えれえ（えらい）人には、様ぁつけて呼べばいいんだ」

ってゆったんだと。いく日かたって、その家で麦の脱穀が終ったので、ボタ餅をつくったので、甘い物が大好きだとゆう、村のカンク（巡査）の所へ、男の子に持たせてやったんだと。

その巡査は、背が低くて真黒な顔で、でっけえ目玉ぁぐりぐりさせている人なんで、村の人たちは、その巡査のことを「チン小僧」って渾名をつけて呼んでいたんだと

メンパ（木製で丸い弁当箱）に、ぼたもちを詰めたのを持った男の子は、途中メンパの

ふたを開けて見たと、するとぼたもちのあんこがうまそうなので、指につけてなめながら行ったと、それで巡査の家についたが、巡査の名前も知らないので、何んてゆってぼたもちを、やったらいいか困ってしまったんだとさ。そうだ、村の人たちが巡査のことを「チン小僧」ってゆってるから、それが名前だと思って、それに巡査はえらい人なんだから、母ちゃんが教えてくれたように、えらい人には「様」ぁつけて呼べばいいんだ、とゆうことを思い出し

「チン小僧さま、ぼたもちぃ持って来たぞ」

と、でっけぇ声でどなったと、すると巡査が出て来て

「コラッ、何がチン小僧だ」

と、でっけぇ目玉ぁぐりぐりさせながら、顔を真赤にして怒ったと、ところがメンパのぼたもちを見ると、甘い物が大好きなチン小僧は、猫なで声で、

「このぼたもちは、あんこのつけがチットンベエ（少し）たんねえなあ」

ってゆいながらぼたもちを受け取ったんだとさ。

屁をしすぎて損をした爺さん

むかしむかし、村きっての屁の名人の爺さんがいたんだとさ。その名人の爺さんなあ屁

で、十二ごのはしご屁や、こおろぎの鳴きまね、玉ころがし、うぐいすの谷渡りから念仏まで、屁で出来るんだと。村の人たちもその爺さんの屁には一目おいていたと。

その屁の名人の爺さんも、一度だけ屁で損をしたことがあるだとさ。お隣の信州の親せきに行った帰りのことだったと。店に五、六束みがきニシンが、つるしてあるんだと、爺さんは土産にそのニシンを買って帰ろうとして、店の親爺に

「このニシン全部でいくら」

って聞くと、店の親爺は客の爺さんを見て

「この奴は、地元のてえ（人）じゃあねえなぁ」

とみて、うんと高い値段を吹掛けたと。すると屁の名人の爺さんは

「そんな高ぇはずはねえ、店のくそ爺ぃ屁でもかげ」

といって、店の親爺にブウーっと一発ひっかけたと。すると店の親爺は

「おもしれえことをすお客さんだむし（ね）それじゃぁ屁を続けて、百八出来れば、このニシン全部ただで、お前にやべえ（やりましょう）」

とゆったんだと

それを聞いた屁の名人の爺さんは、非常に喜んでしまい。ブウーブブブブブ………っと百八発続けてしたと。それで

「おまけだ」

っとゆって、ブウーっと一発でっけえのを放ったと、するとそれを聞いていた店の親爺が

「約束がちがう、一発余分に屁をしたで、ニシンはやれねえ」

ってゆって、屁の名人の爺さんはニシンがもらえなかったんだとさ。

ばか息子と兎

むかしむかし、山奥の一軒屋があったんだとさ。ある日その家の親爺が、山から兎を捕って来たんだと、親爺は息子に
「今夜なあ、うんめえ（おいしい）兎汁してくれるから、急いでナタを持って来い」
といいつけたと、すると息子はあわてて、家の中から摺子木棒《すりこぎぼう》を持って来たと、それを見た親爺が
「馬鹿者め、そんなもので兎の肉が切れるか、急いでナタを持って来い」
とどなりつけたと、親爺にどなられたもんで、息子はあわてふためいてしまい、こんどは、飯もり杓子《しゃくし》を持って来たと。それを見た親爺は
「おめえは、本当に馬鹿だなぁ、おれが持って来るから、兎ぃしっかりおせえて（おさいて）ろ」
ってゆって、息子に兎ぃ持たせておいて、自分でナタをとりに行ったんだとさ。
すると、息子が持っていた兎が話かけるんだとさ。
「坊主、おめえの親爺の金玉ぁ、どのくれえでっけえんだ」
って聞くんだと、息子は片手に兎を持ち、片一方の手の指を広げて
「このくれあるっぺ（このくらいあるでしょう）」
とすると、それを見た兎が

「うそをゆうな、そんなちっちぇわけはねえ、もっとうんとでっけぇだっぺ」

とゆうんだと。息子は前より大きく指を広げて見せたと、それみた兎は
「まあだ、まあだでっけえはずだ」

っとゆうので、息子は両手を思い切って広げて、

「このくれえだ」

ってゆったとたん、息子の手から兎は離れて、山に向ってパラコン、パラコン逃げて行ってしまったんだと。

そこへ親爺が、ナタを持って走って来たと親爺は息子に
「兎はどうした」

っと聞くと、息子は泣きながら
「兎に金玉のことで、だまされて手から放してしまった」

とゆうと、親爺はナタを持って、兎を追いかけ、山の途中で兎に追いつき、持っていたナタを、兎めがけて投げつけたと、するとナタは兎の尻尾にあたり、兎の尻尾は兎の尻の近くから、ポッキリ切れてしまったんだと。

それで兎の尻尾は、短いんだとさ。

村きってのデンボウこき（嘘つき）

むかしむかし、村きってのデンボウこきの奴がいたんだとさ。そのデンボウこきは、一日に一回はデンボウを、いわずにはいられない人だったんだとさ。ある日、デンボウこきの親せきの者が、田んぼで働いていたと。そこへデンボーこきがやってきたと、すると、そのデンボウこきが、急に走り出したと、親せきの者は仕事を止め走り出したデンボウこきに、大声で

「おおい、ばかに急ぐじゃあねえか、いつもの様に、でっけえデンボーでも、こいて行かねえんか」

とゆったと、するとデンボウこきは

「ばかぁこけ（ばかをゆうな）、今日はデンボウこいちゃあいられねえ、おめえんちの息子がなぁ、裏の川に落ちて、今近所の者が皆んなで、藁火《わらび》いたいて暖めているところなんだ、おめえも急いでやぶ（行ぐ）がいい」

っとゆうんだと、このことを聞いた親せきの者は、おどろいて

「そうか、そりやぁ大変なことになった」

といいながら、家に走って行ってみると。川に落ちたとゆうはずの息子が、庭で遊んでいるんだと。親せきの者は

「やっぱり、あいつにだまされた」

といいながら田んぼに、もどってみると、デンボウこきが、田んぼに待っているんだと、
親せきの者が
「おいデンボウこき、デンボウもほどほどにしろ」
って怒ると、デンボウこきは平気な顔で
「だって、おじさんなあ田んぼで、おれの顔をみるなり、今日はいつものように、でっけえデンボウをゆわねえんかつて、おれにゆつたじやねえか、だから正直なおれはデンボウをゆったただけなんだ」
とゆったんだと、親せきの者もあきれて、二のくが出なかったんだとさ。

屁の達者な嫁ご

むかしむかし、屁をあまりするので、なかなか嫁に行けない娘がいたんだとさ。ところがある日、その屁の達者な娘を、嫁にもらいに来た人がいたんだと。

「どんなに屁ぇしてもいいから、ぜひうちの嫁に来て欲しい」

とゆうんだとさ。その話を聞くと娘は喜んで、その家に嫁に行くことにしたんだとさ。その娘は、その相手の家に嫁に行き、熱心に仕事もするので、近所の人達からも評判がとてもよかったと。ある日、姑《しゅうと》(嫁に行った先の母親)が、

「今日は庭の柿をとって、つるし柿にするで、柿の木ぃ登って、一つ一つていねいに柿いとらなけりゃぁなんねえ」
って嫁に話たと、すると嫁は
「おっつかさん、こんな高ぇ木ぃ登って柿を一つ一つとるんですか」
とゆうと、姑は
「毎年そうしてるんだよ」
ってゆったと、すると嫁が
「おっつかさん、柿の木になんか登らなくても、私が一度に全部落してやりますよ」
ってゆったと、それで嫁が柿の木に穴ぅ向けたかと思うと「ブブーブブー」っとでっけえ屁を放ったと、すると、バタバタバタバターっと音を立てて、柿の木から柿が全部落ちてしまったんだと。近くでそれを見ていた姑が
「ああ、やっぱり屁の達者な嫁ごを、もらって、よかかったよかったとゆって、うんと喜んだとさ。

爺さんの穴にたまげて逃げたカッパ

むかしむかしのことだったとさ。夏の暑い日に、爺さんが一人りで、田の草をとってい

たんだと。すると、じいさんの手前の稲が、ソヨソヨっと動いたかと思うと、じいさんの前にカッパが出て来て

「爺さま、わしが田の草取ぃ手伝ってやるべえ（やりましょう）」

って言うんだとさ、爺さんは「こらあカッパのやつ、腹にへって俺の臓物ぅ喰うべえとしているな」っと、すぐにわかったと、爺さんは、少し考えてからカッパに

「昼過ぎまで手伝ってくれりゃあ、おめえの好きな、うんめえ（おいしい）あずき粥ぅ作って、くれべえや」

といったと、するとカッパは喜んで、爺さんの田の草取りを手伝ったと。爺さんは、カッパに尻から入って、お腹の中の臓物を喰われないように、田のあせ道に、水を入れて持ってきておいた鉄びんのふたを、カッパに知れねように、フンドシと尻の間にはさんで、なに知らぬ顔して、田の草を取っていたんだとさ。するとカッパが、だんだん爺さんに近寄って来て、じいさんの穴を、そっとさわったんだと、ところが穴に丸く硬いものが付いているので、カッパはびっくりして、「こんな穴の人が、いるんだんべか（いるんだろうか）」と不思議に思ってあと一度、そっと爺さんの穴をさわってみたんだと。するとやはり、丸くて硬い鉄なので、カッパは、ぶったまげてしまい、大声で

「まあいやだ　まあいやだ、この爺じぃの穴はカナけつ（金のけつ）」

といいながら、近くの川に逃げて行ってしまったんだと。

それを見ていた爺さんは、

「あおにせえのカッパめえ、おめえみてえなやつに、俺の腸わたぁ喰われて、たまるもんか」

といって、ケラケラ大声で笑ったんだとさ。

屁を質に入れた屁徳さん

むかしむかし、名主で金貸しをしていた治太夫とゆう人がいたんだとさ。ある日その金貸しの家に、村きっての屁の名人の屁徳さんが、

「名主さま、今日は特別のおねげえ（お願い）があって来たんでごぜえます、聞いてもらいめかか（聞いて下さいますか）」

とゆって来たんだとさ、名主様が聞いてみると

「屁を質に入れるから、金を貸してくれ」

とゆうのだと、名主はびっくりして

「屁徳さん、どのようにして屁を質に入れるのかな」

って聞くと屁徳さんは

「屁を二つするから三両貸して欲しい」

とゆうんだと、それを聞いた名主は

「屁二つで三両は高すぎる、まけても二両だ」

ってゆうと屁徳さんは渋い顔をしていたが

「二両で我慢すべえ（しましょう）」
といったと、名主は屁徳さんに
「どんな音の屁を二つするのかな」
と聞くと屁徳さんは
「はじめにハシゴっ屁、あと一つは梅の老木をやります」
とゆったと、それを聞いた名主はびっくりしてしまったと、すると屁徳さんは
「それでは、これから質に入れる屁を二つやらかすべえ（やりましょう）」
と言ったかと思うと、ハシゴ屁から始めたと、
大きな音でブウー、ブウーっと引き伸ばした屁を二つして、
「これがハシゴの横になる二本の親木でがんすよ（親木ですよ）」
っていいながら、今度はブー・ブー・ブーっと続けて十一回屁をやらかして
「これはハシゴの横棒でがんす（です）次に横棒にクサビぃぶっとくべえ（打っておきます）」
と言いながら小きざみにプップップップッと二十三回屁をひり続けて
「これで十二ごのハシゴの出来上りでがんす（出来上りです）次に梅の老木ぅやるべえ（やりましょう）」
と言って、ブウーウウウウ、ブウウウウって屁をして、
「これが梅の老木の曲りくねった幹でがんすよ（幹ですよ）次に梅の枝を出します」
と言ってブブー、ブブー、ブブーっと幾本かの枝を屁で出して、
「おまけに、枝に花を咲かせておくべえ（おきましょう）」

と言ってプァプァプァプァプァプァプァプァと屁を小きざみに少し開いたようにして
「これで梅の老木の出来上りでがんす（出来あがりです）」
といって名主から二両借りて、せっせと家に帰って行ったと
それから何年かたって、屁徳さんは二両と利子を働き出して、名主の家に金返しに来たと、それで
「名主様、いつか借りた金を返しに参りました。あのとき質に入れたハシゴ屁と梅の老木の屁をけえして（返して）もらいてえ」
と申し出たと、ところが名主には屁が出来ないもんで、困り果ててしまいそれで
「わしにやあ（私には）屁が出来ねえから、二両の金は屁徳さんに差し上げる」
と言って、屁徳さんは二両の金をもらい、大喜びで家に帰って来たんだとさ。

四　怖い話

ホタルとかくなし婆さん

むかしむかし、村の二人の子どもが、晩方おそくまで遊んでいたんだとさ。
すると、細くて青白い顔でかみの毛のバラバラの婆さんが出て来て
「おばあさんとやぶんだ（行くんだ）」
っといって、二人の子どもを両わきにかかえて、山奥のだれにも知れねえ所へ連れていってしまったんだとさ。ばあさんは
「ここでじっとしてろ、今、出刃包丁《ではほうちょう》を持って来るからな、動いちゃあなんねえぞ」
といって、すうっと婆を消してしまったと。
二人の子どもは恐ろしくて、振えながら、じーとしていたが、婆さんが、なかなか帰って来ないんだと。すると子どもの一人が
「婆さんが来ねえうちに、家ぃ逃げ帰るべぇ（逃げ帰ろう）」
といったと。二人りの子どもは夢中になって、婆さんに連れて来られた暗い道を逃げはじめたと、途中まで来ると、二人は道に迷ってしまったんだと、すると後の方からザワザワーっと、気味の悪い音を立てて、ばあさんが追いかけて来るんだと。
二人の子どもは、草の茂みの中に飛び込んで、じぃーっとかくれていると、ばあさんはすぐ近くに立止って、あたりを見渡しながら
「がきやあ（子どもは）この辺までめえたんだが、どけえ逃げやがったかな」

っていいながら、今来た道ぃもどって行ってしまったと、二人の子どもは、道に迷ってしまったし、恐ろしさのあまり困り果てていると、あたりがすうっと明るくなって来たと、すると一匹の大きなホタルが、ピカーピカーっと光りながら、二人の子どもに近づいて来ては、また道の方へ飛んで行くんだと、子どもたちは不思議に思ったが、ホタルの後を、そーっとついて行ってみると、なんとホタルの光で山道がよく見えるんだとさ。二人りはホタルの行く方へ夢中でついて行ったと、途中まで来ると、村の灯が遠くの方に見えて来たので、うれしくて、いっしょうけんめい走ったと。ホタルは二人の子どもの先に立って、急いで飛ぶんだと。

するとニ人の子どもの後の方から、ばあさんが

「どっちのがきから、先に喰うべえかな」

と大声でいいながら、追いかけてくるんだと、

するとホタルが婆さんの声のする方へ、サーッと飛んで行ったかと思うと、パッと光を消してしまったんだと。すると婆さんは目がくらんで、深い深いがけ下へ「ドザーッ」と落ちて行ってしまったんだとさ。二人の子どもは、ホタルのおかげで、無事に家に帰ることが出来たんだとさ。

ハリツケになった坊さん

むかしむかし、ある寺の小坊主が、寺のお布施《ふせ》を盗んだので、和尚さんがうんと怒って、その小坊主を寺から追い出してしまったんだとさ。

寺を出された小坊主は、人の家にしのび込んで、金を盗み歩きながら生活していたんだと。小坊主は、いつも坊さんの衣を着て、万頭笠をかぶり、手にはじゅず玉を持ち僧侶の仕度だったと、それで盗んだ金も、旅先で貧しい人に分け与えたりしていたんだとさ。人たちは

「あの旅の坊さんなあ、えれえ方だ」

って感心していたと。

ある日、大洪水で娘が川を流されてきたんだと。それを見た小坊主は、真黒くにごり激しい流れの川の中へザブーンと飛び込んで、その娘を川から救い出したと、川から助けられた娘は、死んだ様になっていたが、間もなく息をふき返したので、その娘を連れて碓氷の関所まで来たと、女を連れていると関所の役人に、あやしまれるので、娘を長持ちの中にかくして、関所を通ろうとすると、関所役人が、

『旅の坊主、その長持ちぃ開けろ、その中には、何がへえって（入って）るのかな』

とたずねると、すると小坊主は

「ハア、この長持ちん中あ、全部経文（お経）でごぜえます。あやしむなら開けてごら

ん下せえまし（下さい）」

とゆうと、関所役人はこれはあやしいと思って、長持のひもを切って、開けてみると、何んと娘がひそんでいるんだと、それて坊主は捕えられ、ハリツケになってヤリで突き刺されて殺されてしまったんだと。坊さんは殺されるとき、

「人の金、とるはやすけど身につかず、身につく金は、今朝の一槍」

といい残して死んでいったんだとさ。

番当に殺させた旅人

むかしむかし、村にうんと金持ちの家があったんだとさ。その家では、夏になると、土用に家にある金を、庭に持ち出して、お金の土用干しをするんだと。

ある夏の暑い日だったたと、大判や小判など庭へ持ち出して、土用干しをしていると、見たことのない旅人がやって来て
「すまねえが、水ぅ一ぺえくれて下せえ（下さい）」

とゆうんだとさ。家の者が水をあげると、

「ああうんめ、ああうんめえ（ああおいしい）」

といいながら水を飲んだかと思うと、庭先に陰干しをしてあるお金に目をつけ

「あっ、こらあたいした金だ、こんなに多くの大判や小判を見たこたあねえ、国の土産によく見とくべえ（見ておきましょう）」

といって、お金に近づいて、よく見ていたんだとさ。

それを見ていた主人が

「あらあ、不思議な旅の者だ、後で事が起きてからでは困る、番当にいいつけて殺させよう」

といって、番当にいいつけて、旅人の後を追わせ、その旅人を殺して来いといいつけたと。番当はしかたなく、主人にいわれたように旅人の後を追い、峠の所でその旅人を殺し、家に帰って来たと、する主人が

「あいつをどこで殺した」

と聞くんだと、番当は

「峠の所で追いつぎ、そこで殺しました」

というと、主人は番当をうたがって

「殺した証拠が、何んにもねえじゃぁねえか」

としつこく迫ったと。

番当はしかたなく、ナタを持ってしぶしぶ出掛けて行ったと、そして、しばらくして、番当は殺した旅人の片方の耳を、ナタで切り取り、フキの葉っぱにつつんで持って来て

「これを見てくんな（見て下さい）」

といって、主人の前に片耳を突き出して見せたと。ところがこのことがあってから、その家は運が悪くなって来て、家に雷が落ちて火災になったり、家の者が次々死んだりするよ

うになって来たと、それで家の者は
「あの悪気のねえ旅人を、番当に殺させたから、こうゆう恐ろしいことが、家にふりかかって来るんだ」
といって、片耳のお地蔵さまを木で彫ってもらい、殺した旅人の供養をしたんだと。そうしたら、その後家に運の悪いことが、起きなくなったんだとさ。

人食いねずみ

むかしむかし、寺家の村の山の中に、小さなお堂があったんだとさ。ある日、お腹をすかせた旅の小坊主が、ようやくのことでそのお堂にたどりついたと。それで
「旅の者でごぜえますが、今夜一晩、泊めて下せえまし（泊めて下さい）」
とゆうと、お堂の中から怖そうな人が出て来て、小坊主をみると、あまり汚い仕度をしているので
「だめだ、せっせと帰れ」
といって、戸をぴしやっと閉めてしまったと、
小坊主は困ってしまい、また歩いて行くと古いお堂があるんだと、小坊主はそのお堂に行き

「おばんでがんす（こん晩は）今夜一晩、泊めて下せえまし（下さい）、泊る所がなくて困っている旅の者ですが」
とゆうと、何んの返事もないんだと。小坊主は不思議に思ったが、今度は声を大きくして
「今夜一晩だけ泊めて下せえまし、泊る所が無くて、困っている旅の坊主でごぜえます」
とゆうと、家の中からうす気味悪い声で
「お前も中に入れ」
とゆうのだと。
恐る恐る中に入ると、大きなねずみが坊さんの仕度で、そのまわりに百匹の子ねずみが、死んでる和尚さんの頭や顔を、ボリボリ音をたてて喰っているんだと。それを見た小坊主は、夢中でそのお堂から逃げ出し、村人たちにこのことを話したと、そうしてそうこうしている間に、その小坊主は、すっとどこかへ姿を消してしまったんだとさ。

白蛇になった二人の浪人

むかしのことだったんだどさ。大坂にでっかい戦争があったんだと、それでお上からおふれが出て「どこの村からも五人ずつ、戦いの手伝いの男を出せ」ということになったんだと。そこでそこの村でも

「お上のこどじゃあ、出さねえと、うるせえことになるから」
といって、五人の戦いの手伝いの男を揃えたと、ところが生枝《なまえ》の村からは
「戦争にいぐと、殺されるからやだ」
という村人が多く、誰もでなかったんだとさ。
そこで生枝の村の名主は、うんと心配して戦に行く者を、村中さがしたと、すると、腕の強い浪人が村に二人いることを知り、名主は村人と相談して、二人の浪人に
「大阪の戦いに、行ってくれれば帰って来たとき、村の土地ぃ半分くれぺぇ（くれましょう）」
ともちかけたと、すると二人の浪人は、名主をじっと睨みながら
「今、名主がゆったことは、うそじゃあねえな」
といって大阪に行く事を引き受けたと
村ではよかったよかったといって、皆んな喜んだとさ。
村人たちは、浪人二人が大阪に行くのを、村はずれまで見送ってやったと、それから半年ほどして、大阪の戦はすみ、村人たちは、
「でっけえ戦争だったから、生枝からやんだ（行った）二人りの浪人は、死んでしまったんにちげえねえ（ちがいない）」
とゆっていたと、ところが二人の浪人は、元気で生枝の村に帰って来たんだと、それで、名主の所へ行き
「無事にけえって来たで、あの時の約束の土地ぃいただきてえ（いただきたい）」
とゆうと、名主は

「今夜、夜中に名主の家に来るように」
と二人の浪人に話した後、名主は村人たちと話し合い、二人を打ち殺す事にしたんだと、
それとは知らず二人の浪人が、夜中に名主の庭に来ると、村中の人が総がかりで、浪人を
殺してしまったんだと、浪人は死ぬとき
「おれたち二人をだましたな、この村の者は皆んな根だやし（生きている者が一人もい
ない）ようにしてやる」
といいながら、うんとくやしがって死んで行ったと。
それから名主の家の軒下に、太い白蛇が住みついてしまい。夜になると、その白蛇の目
玉が蒼白く光り、口から真赤なべろを、チョロリチョロリと出し、名主も家族も恐ろしく
て、毎日ふるえあがっていたんだと。それから、生枝の村に疫病が出て来て、村人のほと
んどが死んでしまったんだとさ。

夜猟で首つりに出合ったマタギ

むかしむかし、冬山の夜猟で首つりに出合ったマタギがいたんだとさ。
そのマタギは、山でホロカケ猟（山で少しの火を燃して、キジを寄せて捕る猟）の上手
なマタギだったと。またぎはある晩

「婆さんや、今夜ぁ八塩山へギジ撃ちにいぐで、弁当を作ってくんなんし（作って下さい）」

といったと、婆さんは焼餅の弁当を作って持たせたんだとさ。そのマタギは、出猟する時はいつも、家にある十二様（山神様）を必ず拝んで出るのだが、その夜はどうしたことか、忘れてしまって十二様ぁ拝まず山へ行ったんだと。

マタギは、真暗な寒い山道を鉄砲を背負って、登って行ったんだとさ。それで杉山にさしかかるとマタギの顔に、何か冷たくて重い物が、ドターンとぶつかったと、マタギは、

「いつも通る山道なんだが、今夜に限って、何があるんだんべぇ（何があんでしょう）」

といいながら、顔にぶちあたった冷たい物を、手さぐりで、そうっとさわってみたと、するとそれは人の足なんだと、マタギは恐ろしくて、ぶるぶるふるえ出してしまったと、マタギはすぐに、背負っていたビクの中から、ヒデ（松の古根で作った燃料）を取り出し、火をつけてぶらさがっている足を見たと。すると半てんを着た男が、首つりになっているんだと、ヒデのあかりで更によく見ると、両方の目玉はカラスに食われて、顔に血が流れていて、鼻の穴から鼻汁を二本、長くたらしているんだと、するとそこに少し強い風が吹いて来たかと思うと、持っていたビデの灯がパット消えてしまったんだと、マタギは恐ろしくて、そこにいたたまれず、

「なむあびだぶ、なむあみだぶ」

と唱えながら、夢中で家に逃げ帰って来たんだとさ。

大蛇《だいじゃ》のたたり

むかしむかし、村の鏡石の所にうんと大きな大蛇が住んでいたんだとさ。

その大蛇は、村の人が一人で通る時だけ、姿を見せるんだと、その大蛇の背中には、青色と赤のまじつたウロコが生えていて、村人は、すごく気味悪がっていたと。

ある日村の子どもが、一人で大蛇の住んでる鏡石の所に遊びに行ったところ、可哀想にその大蛇にひと飲みにされてしまったんだと。

村の人たちは相談して、隣り村の腕ききの鉄砲撃ちに頼んで、大蛇を撃ち殺すことにしたんだとさ。

隣村の鉄砲撃ちは、大蛇の住んでいる鏡石の所に来て、大蛇をさがしたがみつからないんだと。ところが、大蛇は萱がうんと生えている株の中に、どぐろを巻いているんだと、鉄砲撃は大蛇をねらって、ドカーンと一発撃つと、大蛇は血だらけになって、ごろごろころがり廻って、あばれるんだと、鉄砲撃ちは恐ろしくなって、急いで家に逃け帰ったと。

次の日鉄砲撃ちは村人たちと、鏡石の所へ行って見ると、すると血だらけの大蛇が萱株に巻きついて死んでいたと、村の人たちは、鉄砲撃ちに
「ありがとうござんした、これで村人が大蛇に呑まれることはなくなってよかった」

といって喜んだと。

ところが鏡石の大蛇を殺してから、村に不思議なことが起るようになったと、村の女衆

がお茶を入れるたびに、急須の中に小さい蛇の子が、幾匹も幾匹もウヨウヨおよいでいるんだと、村人たちは恐ろしがったと、それから村では、お茶を入れて飲む家がなくなってしまったと、そして誰ゆうとなく、

「隣村の鉄砲撃ちに鏡石の大蛇ぁ殺させたから、こんな恐ろしいことになったんだ」

とゆったんだとさ。

古井戸の中の人食い婆さん

むかしむかし、満呂木村の裏手にある古井戸の中に、人食い婆さんが住んでいたんだとさ。ある日村人がその古井戸の所を通ると、井戸の中からゴシゴシ、ゴシゴシっと、あずきを研ぐ音がするんだとさ、村人は不思議に思って、古井戸をそっとのぞいてみると、

「あずきぃ研いで食うべえか、人をとって食うべえか」

って、しやがれ声でゆいながら、井戸の底であずきを研いでいる、恐ろしい婆さんがいるんだと、それを見た村人は恐ろしくなって、夢中で家へ逃げ帰り家の者に

「満呂木の裏手の古井戸ん中に、恐ろしい人食い婆さんがいる」

って振るえながら話したと、それから、その婆さんの話は村中に広まり、その井戸に近ずく人はいなくなったと。

ところが冬の寒い寒い晩方だったと、このことを知らなかった村人が山仕事を終え、たき木を一束背負って、古井戸の所まで来ると、古井戸の中でゴシゴシ音がして、人声がするんだと、山帰りの村人は、不思議に思ってそっと聞いてみると、
「あずきい研いで食うべえか、人をとってくうべえか」
ってゆっているんだと、村人が井戸の中をのぞいてみたと、すると細っぺえ顔で、口をもぐもぐさせながら、青く光る目玉で村人を、じっと睨んでいるんだと、それをみた村人は怖くなって、背負っていたたき木をそこえぶち降し、夢中になって家に逃げ帰ったと、家の者は、あわてふためいて家にかけ込んできたのを見て
「山で何かあったんかい（あったんですか）」
って聞くと村人は、ぶるぶる振るえながら
「みみ溝呂木の古井戸に、おつかねえ人食い婆さんが、いるのを見ちゃった」と蒼ざめた顔で振るえながらゆうんだと。
その後、溝呂木村の裏手の古井戸の所の道を、通る者は一人もいなくなったんだとさ。

あずきとぎ婆ばぁ

むかしむかし、あずきとき婆ばぁが出て、村の子どもが、よくさらわれたんだとさ。

村の地蔵めんの所は大きなやぶがあって、竹がおいしげっていて、昼間でもうす暗く気味が悪い所なんだと、そして近くに墓場があり、その墓場のすぐわきに、橋が掛ってあって村の人たちは、その橋を「おっかねえ（怖い）はんね橋」と呼んでいたんだと、村の子どもが、あずきとぎ婆ばぁに、さらわれるのは、この橋を通るときなんだと、はんね橋の下では、あずきとぎ婆ばぁがザッコラ、ザッコラあずきをとぎながら

「あずきいといで食うべえか、子どもを捕って食うべえか」

ってゆっているんだと。

ある日村の子どもが、夕方一人で店に、お使いに行くので、そこを通りがかると、橋の下で変な音がするので、立ち止ると、サッコラ、ザッコラあずきをとぐ音なんだと、するとその音がぱったり止んだかと思うと、子どもの手前に、しらがで指の爪を長がーく伸ばした、婆さんが現われたかと思うと、村の子どもを横かかえにして、橋の上から川へボシャーンと飛び降りて、子どもをかかえたまま、川上へ姿を消してしまったんだと。村では、夜になっても子どもが家に帰って来ないので、村中さがしたが子どもは、見つからないんだと、村人たちは

「また、はんね橋のあずきとぎ婆ばぁに、やられたんにちげえねえ（ちがいない）」

とゆって悲しがったんだとさ。

五　カッパ・天狗・鬼の話

カッパに負けた子ども

むかしむかし、村の子どもが家の近くの川に、遊びに行くと川岸の草の中からカッパの子どもが出て来て、村の子どもに
「おめえは（お前は）いつもおらが（私ども）が住んでる川ぃ、なんで遊びに来るんだ、来ちゃあなんねえ（来てはいけない）」
ってゆって、いつもとつくみあいのケンカになるんだと。
ところが必ずカッパの子どもがケンカに負けるんだとさ。カッパの子どもは負けると大声で泣きながら、川の中に帰っていぐんだと、カッパの子どもは川に帰ってから
「人間の子どもが、あんなにつええ（強い）のは、食ってるものが俺とはちがうんだんべえ（ちがうんだろう）こんど逢ったら聞いてんべえ（聞いてみよう）」
とゆったんだと
そして次の日、また川の渕で二人りは出会ったたんだとさ、ところがその日はいつになく大きなけんかになったんだと、それでカッパの子どもは、人間の子どもにひどくやられると、カッパの子どもは泣きながら
「あんたあ（あなたは）えらく（大変）ケンカがつええが、何を食っているだい」
って聞くと、人間の子どもは
「おらあ（俺は）仏さまへ進ぜた残った飯い、うちのもんが（者が）めえんち（毎日）

少しずつでいいから食え、ってゆうからいつもその飯い食って来るんだ」

ってゆったんだと。するとカッパの子どもは心配げな顔つきで、しばらく考えていたが、

「おめえは（お前は）あしたここえ来る時、その仏さまへ進ぜた飯い食わずに来てみろ」

ってゆうだと、すると人間の子どもは
「いいとも、おめえ（お前）がそうにゆうなら、仏さまに進ぜた飯なんか、とくに（たいして）うんまくもね、うちのもんに（家の者）にわかんねえように、食わねえで来る」

ってゆって、カッパと約束して別れたと。

次の日、人間の子どもはカッパの子と約束したように、仏さまへ進ぜた残り飯を食わず川原へ行ったんだと、それでいつものようにケンカになったと、ところが、人間の子どもは少しも力が出なくて、カッパの子どもにひどく負けてしまったと、人間の子どもはオイオイ泣きながら、家に帰って来たと。するとそれを見た家の者が
「仏さまへ進ぜた飯い食わねえでやんだ（行った）な、だからカッパになんか、ケンカに負けるんだ」

ってゆったんだとさ。

カッパの恩がえし

むかしむかし、爺さんが川の近くに馬をつないでおいて、畑仕事をしていたんだとさ。しばらくすると、婆さんがやって来て、

「爺さんや、こじょうはん（おやつ）を持って来たで、食ってくな」

って焼餅を持って来たと、爺さんと婆さんは畑のあぜ道で、焼き餅い食っていたとすると馬がヒヒーン、ヒヒーンと鳴いて、あばれはじめたと爺さんと婆さんは、おどろいて、馬の所へ急いで行って見ると、馬の尻尾にちいっちぇカッパの子どもが、ぶらさがって遊んでいるんだと。爺さんはそのカッパの首根っこをつかんで、

「おい、カッパのがき、おらあちの（家の）馬に何ぃするんだ、村の子どもや馬を川に引き込んで、殺すのは、おまえらの仕わざだな、今日は、ぶち殺してやるから覚悟しろ」

って大声でどなったと、するとカッパの子どもは、小さい手足をぶらぶらさせながら
「爺さん、かんべんしてくんな、おれ見たことのねえ、でっけえ馬がいたんで、それと遊んでいただけなんだよー。かんべんしてくんな、かんべんしてくんな」

って泣きながらあやまるだとさ。

それを見ていった婆さんが
「爺さんや、こんなちっちぇ子どものカッパたむし（かっぱです）おやげねえ、おやげねえ（可哀想）放してやらっせえよ」

ってゆうんだと、爺さんは、カッパの子どもは泣きながらあやまるし、婆さんにもせがまれるもんで、村人が見てないかなっと、あたりをよく見まわして、

「これからな、悪い事はするんじゃぁねえよ、早くお父っちゃんとお母ちゃんとこへけえって（帰って）いぎな」

ってゆって、カッパの子どもを川へ放してやったと、爺さんと婆さんは、その日は仕事を止めて家に帰って来たと、それで一晩たって朝起きて見ると、なんと庭先に置いた水桶の中に、川魚がいっぺぇ入っているだと、それから毎晩、毎晩カッパが川魚をお礼に持って来て、くれるようになったんだとさ。

馬に負けたかっぱ

むかしのことだったんだとさ。村の爺さんが野まあり（自作の田畑の作物を見歩く）に馬を連れて行ったと、川岸に馬をつないでおいて、少し離れた田んぼに行って田んぼを見歩いていたんだと、すると川から若いカッパが、ヒョコヒョコ出てきて、馬をみるなり馬を川に引き込もうとしているんだとさ、馬はそれとは知らず、まわりの草を食いながら尻尾を、チヨッポリ・チヨッポリ振っていたんだと、カッパは馬を川に引き込むのに、馬の尻尾に手をからみつけて、ぐいぐい引っぱったと、ところが馬はおどろいて強くあばれ出

したと、すると馬をつないでおいた手綱が、ポキンと切れてしまったんだとさ、馬は家をめざして走り出したと、するとカッパの片方の手が馬の尻尾にからみついたまま引き抜け、馬はそのまま家に逃げ帰ったと、田んぼを見に行った爺さんが、馬の所にもどってみると馬がいないんだと、爺さんは驚いてしまい、馬の足跡をみると、馬が爺さんの家の方へ行ったことがわかり、爺さんは家に向って走りだしたと、すると途中の道端に、片手の少年が立ちすくんでいて、爺さんを見るなり

「おっちゃん（おじさん）おれねえ川ん所に、いた馬の尻尾に片っ方の腕が、からみ付いてとられちゅまったんだ」

って困りはてた顔でゆうんだと、それを聞いた爺さんが

「そのうんま（馬）は、どっちいやんだ（行った）」

と聞くと少年は

「あごで、あっちぃ行った」

と爺さんの家の方へするんだと、爺さんは少年を連れて、家に急いで帰ってみると、爺さんの家の庭に尻尾に片腕をからんだ馬がいるんだと、爺さんは馬の尻尾に、からまってる片腕を、ようやくのことで取り出し、

「これが、おめえ（お前の）腕か」

っとゆいながら渡すと、その少年は片腕をうれしそうに受けとり、それを片方の腕の抜けた所に、スポンと音を立てて入れ、その腕をグルグル二、三ど廻して、

「おっちゃん、ありがとありがとう」

とゆって、今来た道を帰って行ったと、爺さんは「不思議な子どもだなあ」といいながら、

馬を馬小屋に入れ、それから一晩たちつて、朝起きてみると、戸ぼ口（玄関）の所に、大きな鮭が葦の葉っぱにくるで、一匹置いてあるんだと、それから毎晩鮭が置いてあるので、不思議に思った爺さんが、ある晩、納屋にかくれて見張っていたと、すると、カッパの子どもが、鮭を持って爺さんの家の玄関の所に置き、手を合わせて帰って行ぐのをみた爺さんは、

「この間の片腕の子どもは、カッパだったんだな、まあよく人間に化けて、片腕を取り返しに来たもんだ、それでも両腕《うで》が使えるようになって、よかったあのカッパぁ村の川に住んでいても、村人や馬を川に引き込んで、殺すようなこたあ（事は）しなかんべ（しないでしょう）」といったんだとさ。

人さらいの天狗

むかしむかし、谷急山の途中に大きな岩の穴があったんだと、その岩穴の中に天狗が住んでいるとゆう話で、村でも皆んな怖がっていたんだとさ。

その天狗は人を攫《さら》うんだと、村人たちは大変困っていたと、ある日村の一人の娘が谷急山へ、たき木とりに行ったが、家に帰って来ないんだとさ。家の者は

「うちの娘は、山ではぐれてしまったんべか（はぐれてしまったんだろうか）」

ってゆって、村へ連絡して村人たちに娘をさがしてもらったんだとさ。ところがいくらさがしても、娘は見つからなかったと、村人たちは
「おん獄様へおねげえすりゃあ、めっかるだんべ」
といって、おん獄様にお日待ち（お祈り）をして、谷急山へ登り娘をさがしたと、すると岩穴の入口の所に、娘がはいてたぞうりがぬいであるんだと、村人たちがそのぞうりを、調べてみたが土が着いていないんだと、村人たちは
「ぞうりにどろがたかってねえなあ、娘がここまで、ぞうりぃへえて（はいて）来たんじゃあねえ、人されえの天狗に、さらあれて、こけえ（ここに）来たんにちげえねえ」
ってゆって、岩穴の中をのぞいてみると、娘の着てた着物がぬいであって、きれいな花が着物のそばに置いてあるんだと、それで、娘の姿は見えねんだと、村人たちは娘が見つからないので、残念がって村へ帰って来たと、ところが、それから四、五日して村の元気のい若衆が、一人で谷急山の岩穴を見に行ったと、すると真っ赤な顔で鼻の高い天狗が、大きな目玉をキヨロキヨロさせながら、岩穴の中で火を燃やして、火にあたっているんだと、元気のいい若衆は大声で
「おい天狗、あったかげだなあ」
っとゆうと、天狗は怒って、その若衆を岩穴の中に押し込んで、あたりにある木を足で踏み折って、その木で岩穴の入口をふさいで、若衆が岩穴からでられないように、してしまったんだと。
その後、若衆と娘は、とうとう村に帰って来なかったんだとさ。

天神山の天狗

　むかしむかし、雨の晩に天神山を通る村人は、天狗にうんとひどい目にあったんだとさ。雨がしとしと降る日だったと、村人の家で米が終ってしまったんだと、家の者が
「爺さんや、ついて来た米が終ってしまったで、すまねえが、大室の天神車（水車）にやんで（行って）、米えついて来てくれめえか（くれないか）」
ってゆうんだと、すると爺さんは
「今日は雨が降ってるんで、天神車にやぶ（行く）なぁやだ、天神車にやぶにやあ、あのおっかねえ天神山ぁ、通らなけりゃあいくこたあ出来ねえしうっかり天狗が出りやあ、恐ろしいめに合うで、今日はかんべんしてくれろ」
って家の者にたのんだが、とうとう爺さんが米つきに行くことになってしまったんだとさ。
じいさんは、みのを着てその上に米を入れたカマス（袋）を背負ったと、そして、水車へ出掛けようとすると、家の者が
「爺さんや、背中の米が雨で濡れるから、傘あさしてやばっせえ（行きな）」
ってゆうんで、ばん傘あさして雨の降る中ぁ水車に出掛けて行ったと。
　爺さんは背負ってる米が重いので、途中休み休み行ったんだと、ところが天神山にさしかかると、夕方になってしまったと、あたりはうす暗くなってしまったんだとさ。
　爺さんは、夜になってから天神山ぁ通ると、恐ろしい天狗に出合うと思い、夢中で山道

を歩いたと、じいさんのさしている傘に、大つぶの木のしずくが、バタッバタとあたったかと思うと、あたりの木の葉が大きな音を立てて、ザワザワザワーっと、鳴りはじめたんだとさ、爺さんは恐ろしくなって足がすくんでしまい、その場で振るえながら、

「遠くの桑原、遠く桑原天狗さま、わしいお助けくだされ、わしやぁ、何んにも悪いこたあ、しゃあしねえ、助けてくれろ」

っていったと、すると木の上から大声で

「アッハッハッハー、この山あ通るのに、なんで顔をかくして通る、雨の日に顔をかくして通る村人は、悪ぃことをする奴べえだ、かせえ（急いで）顔を見せろ」

ってゆうんだとさ。しかし、爺さんは恐ろしくて、天狗が何をいっているのかわからず震えていると、ザザッと音がしたかと思うと、天狗は爺さんのさしてる傘を、わしづかみにして、爺さんを高く持ち上げたかと思うと、地面に爺さんをぶち落したと。

爺さんは恐ろしくてようやくのことで家に逃げ帰り、家の者と村の人たちに恐ろしい天狗の話をしたんだと、すると、その後村の人たちは、雨の降る日に、天神山を通るときは、傘をささず通るようになったんだとさ。

鬼退治した侍

むかしむかし、山から鬼がやって来て、すごく村人を苦しめたんだとさ。それで村人たちは困り果てて、その鬼たちに
「毎年、村の娘を一人ずつやるから、村を荒さねえでくれ」
ってゆったんだと、すると鬼たちは、そのことを受け入れたと、それで村では毎年娘を鬼にやったと、すると鬼たちは、村を荒さなくなったんだとさ。それから幾年かたつて、村のじいさんの家の一人娘を、鬼にやらなければ、ならなくなったんだとさ。
そのじいさんは、たった一人きりねえ娘だし、うんと大事にして育って来たので、その娘が可愛くて、それで鬼にやるなあ可哀想で、じいさんは幾晩も泣いていたと、すると、そのじいさんの家の所を、すごく強そうな一人の侍が通りかかって、困っているじいさんをみて、
「旅の侍だが、なにか困っているようだが、どうしたことかな」
って聞くんだと、爺さんはその侍に
「一人娘ぇ、鬼にやることになっている、娘ぇ鬼にやらなけりやぁ、村ぁ荒されるで困っているのです。どうかお助け下せえ」
とゆうと、その侍は
「ほんじゃあ（それでは）わしが娘の身がありになってやるぺ（やるよ）それで鬼てえ

じ（鬼退治）もしてやる」

とゆって、娘の身がわりになってくれたんだと。

侍は箱につめられて、深い山奥へ運ばれて来たと、すると、生ぐさい人間のにおいのする風が吹きはじめたと、その風の匂いを鬼たちがかいで、その箱に集って来て酒をたくさん飲んでいると、鬼の大将が
「そろそろ、箱ん中の娘ぇ食うっぺ（食べよう）」

ってゆうと、鬼どもが侍の入っている箱を、鬼の大将の前に運んで来て、箱の縄を切って箱のふたを開けたと、すると娘でなくて見たことのない侍いなんで、それを見た鬼どもは逃げようとしたが、侍はす早く刀を抜いて、鬼たちをすべてを退治してしまったと。

ひとり娘を鬼にやらなくてすんだじいさんは、「あの侍のお陰だ」っといって喜び、その後、村に鬼が来て荒すようなことは、なくなったんだとさ。

鬼と凍り餅

むかしむかし、村に鬼が出て来て悪いことをして大変だったたんだとさ。

特に蚕で忙しい時季になると、毎年のように鬼が出て、村中を荒し廻って山へ帰って行くんだと。あるとき蚕が休みなので、その家では、蚕休み餅を作り、竹の子を煮しめて、

その家の家族が食事をしていたんだと、するとドサドザーって恐ろしい音がして来たと、するど大きな鬼が現われたと、家の者はびっくりして振えていたが、その家の婆さんが
「鬼が食べたげに見てえるから、わしが奥の部屋で鬼に食せる、煮しめ物と餅を持ってくるから」
とゆって婆さんが、特別に鬼の食事を作って来たと、それを鬼に出すと、鬼は
「人間があんなうまげに、食ってるんだから、うんめえ（おいしい）のにちげえねえ」
と思って、餅と竹の子を一緒に口に入れたところ、いくらかんでも固くて食うことが出来ないんだと、鬼は不思議に思って、その家の者が食べるのを見ていると、小さい子どもが餅と竹の子を、おいしげに食べているんだと、鬼はおどろいて、
「俺に固くって食えねぇ餅と竹の子を、あんなちっちぇ子どもが、平気で食ってる、これじゃあ、わしもいつ人間に食われるか知れねえ」
とゆって、山の中へ逃げて行き、それ次来村に鬼が出て来て、悪いことをしなくなったんだと。実は、その家で鬼に食べさせた餅と竹の子は、婆さんの知恵で餅は凍った餅と竹の子は青竹を切って煮たものを、食わせたんだとさ。

六　蛇の話

蛇玉を見た娘

むかし、滝川の近くには、たくさんの蛇がいたんだと、村の人たちはその蛇が蛇玉（沢山の蛇が一か所に多く集って、玉のように丸くなっている）を見ると、金運に恵まれるといわれていたんだとさ。

夏の土用の暑い暑い日だったと、村の一人の娘が、野良仕事から帰る途中、竹やぶの裏まで来ると、竹やぶの中でスットン、スットンとゆう音がしているだとさ、娘は肩にしていたてん鍬で、竹やぶの下草ぁ少しかきわけて見たんだと、すると竹やぶのうす暗い中に、大人の頭程もある黒っぽい玉が、ブユブユ、ブユブユ動いているんだと、娘は驚いて

「動いているなあ、何の玉だんべぇおかしなものがあるもんだなあ」

といいながら近へよって、よく見てみると何んと、その玉は蛇が何十匹も集って、丸い玉になって動いているだとさ。

その娘は生れつき蛇が大嫌いなので、蛇玉も見るなりガタガタ振え出し、近くに娘のおじさんが畑仕事をしていたで、娘は

「おっちゃん（おじさん）竹やぶん中に蛇玉だぁ、助けてくんな、助けてくな」

とおじさんにたのむと、おじさんは

「そりゃあ、ふんとう（本当）か俺も蛇玉ぁひと目見ておくべえ」

といいながら竹やぶへ走ったと、それでその娘に

「蛇玉あどこだ、どこだ」
って聞くと、娘は
「ここんちらあ（この辺）だ」
って教えたが、いくらみても蛇玉は、娘に見られたせいか、どこかえ逃げ去ってしまい、見えないいんだとさ、おじさんは
「ああ、馬鹿ぁ見た蛇玉あ見りゃあ、それから金運が良くなるんになぁ」
とゆって残念がったんだとさ。

蛇になって来たおかみさん

むかしむかし、仲の悪い夫婦がいて、毎日のようにけんかしていたんだとさ。
蚕で忙しいときのことだったと、ふとしたことでその夫婦は、大きなけんかになったと、それはいつにない大きなけんかだったんだとさ、近所の人たちも
「また、けえきよくやってるぜ」
といって、それを止める者もいなかったと、ところが、このけんかで、おかみさがいつになく大変くやしがって
「死んで蛇んなって、化けてやるからみてろ」

って主人にゆって家を出たままおかみさんが、家に帰らなくなってしまったんだとさ。ところが、それから幾日かしてだんなは、夢みが悪く更に夢にうなされる晩が続いたと、そうこうしている間に、お盆になったと座敷に盆だなを飾って、盆むかえをして帰ってみると、盆だなの上に、何かいるんだとよく見ると太い蛇が、どぐろを巻いてだんなを、じいっと睨んでいるんだとさ。だんなはその蛇を見てさむけがして来て、蛇に向って

「やっぱり、おめえ（お前）は化けて来たんだな」

ってふるえ声でいいながら、その太い蛇を青竹に引つかけて、庭の水たまりに投げすてたと、するとその太い蛇は水たまりから、飛び出して来て、盆だなにするするはい上って、今度はかま首を上げ赤いベロを、チヨロリ、チヨロリと出しながら、あたりをジロジロ見ているんだとさ。家の者も近所の人たちも蛇をみて

「盆んなんで、死んだおかみさんが化けて来たんだ」

といっておそろしがったと。だんなは、その蛇には困り果ててしまい

「これじゃあ、近所の人たちに新盆ぶるめえ（新盆の振舞）も出来ねえ」

といいながら、今度は盆だなの太い蛇をぐいとつかんで、庭へ投げ出したと、する蛇はぐるりと体をかわして、だんなより早く家に入り込み、また盆だに登ってだんなを困らせたと。

それから盆が過ぎて間もなく、二度目にもらっただんなの嫁が死んでしまったんだと、村の人たちは、

「あらあ、はじのおかみさんの祟りにちげえねえ（ちがいない）」

ってゆって恐ろしがったんだとさ。

蛇ぜめにあった村人

むかしむかし、村にある榛名神社の屋根が古いままなので、雨もりがして困っていたと、それで村の人たちは相談あって、神社の屋根ふきをすることにしたんだとさ。

村の人たちは寒い寒い山に入って、屋根ふきに使う萱を毎日毎日刈り集めたと、それで神社の境内は刈って来た萱で、山のようになったと、そこで村の人たちは総出で神社の屋根ふきをはじめたんだと、しかし神社の屋根は大きいので、幾日も幾日もかかったと。

ところで榛名神社には、昔から蛇がたくさん住んでるといわれていたんだと、しかし、屋根ふきをしていても一匹も蛇が出て来なかったと、ところが村人の一人が

「榛名神社にやぁ、蛇がうんと住んでるちゅう話だが、一匹もめえねえや、蛇が住んでるちゅうなあ、うそだのう（うそです）」

ってゆったと、するとそれを聞いた村の人たちは

「そんなことはねえ、蛇は榛名神社の神様の使いのものだから、姿ぁ見せねえだけだ」

ってゆったと。

しかし、蛇がいないとゆった村人は、それを信用しなかったんだとさ。その日も夕方になり、村人たちは一日の屋根ふき仕事を終えて、自分の家に帰って行ったんだと。ところが、神社に蛇はいないとゆった村人が、家に帰る途中大きないちょうの木の所まで来ると、いちょうの木から何かバタバタバタバターっと大きな音をたてて、落ちるものがいるんだとそ

の村人は、何が落ちたのかと思って近寄って見ると、それは蛇なんだと、村人がおどろいていると、その蛇たちが村人をとり囲んでしまい、村人は

「榛名神社に、蛇ゃいねえなんてゆって、悪うごぜえ（ご座居）ました、お許し下せえ（下さい）お許し下せえ」といいながら、蛇に囲まれて倒れたままいたんだと。村人の家の者が、村人がなかなか家に帰って来ないので、迎えに来てみると大いちょうの所で、村人が蛇に囲まれて倒れているのをみて

「普段でも、神社にゃあ蛇なんぞいねえ、なんてゆっているから、榛名神社の蛇ぜめに合ったんだ」

ってゆったんだとさ。

大蛇に出合ったうなぎ捕り

むかしむかし、村にうなぎ捕りの名人がいたんだとさ、そのうなぎ捕りは、うなぎを捕るど（竹製で筒状のもの）を、ざま籠（籠の目が細いかご）に、幾本も入れて晩方になると、人目につかないようにして、境町の近くの早川に、どを仕掛けに行くんだとさ。

晩方仕掛けたどを、よく朝早く取りに行んだと、どを川から上げてみるとどの中に、うなぎが何匹も入っているんだと、捕れたうなぎは袋の中に入れ、次々に仕掛けたどを上げ、

いつも多くのうなぎを捕るので、村でもうなぎ捕りの名人といわれていたと。

捕って来たうなぎは、ほとんど村の人たちが買い取ってくれたんだとさ。

ある夏のむし暑い日だったたと、うなぎ捕りが夕方いつものように、うなぎ捕りに出掛けようとすると、おかみさんが

「とっちゃん（お父さん）今夜ぁばかにむすい（暑い）で、蛇にでもかまれねえように、きい（気を）つけてくんな（下さい）」

とゆうと

うなぎ捕りの主人は

「ああ、せやあねえ（大丈夫）ねんじゅうやんでる（行ってる）早川だから、あんじゃあ（心配は）ねえよ」

とゆって出掛けて行ったと。

早川につくと、早川の川下から川上に向ってどを仕掛けてゆくのだが、早川の川べりは笹がたくさん生えているので、その笹をかき分けて、いつもの様に川に入ろうとすると、うなぎ捕りの手前で、何かドソドソとゆう音がして笹がゆれたと、うなぎ捕りは不思議に思って、

「誰か俺より先ぃどを掛けに来た者がいるんかむし（いるんですか）」

と声をかけると、すると両手でかかえるような太い蛇が、たぐろを巻いて大きな口を開けたりして、うなぎ捕りを見ているんだと

それをみたうなぎ捕りは、

「助けてくれろ　助けてくれろ」

ってゆいながら、家に逃げ帰って来たんだとさ。

蛇に仲だちされた百姓

むかしむかし、仲の悪い二軒の家があったんだと。その二軒の家は山の中で、他には誰の家も無かったんだとさ。

ところがその二軒の家は、あらそいが絶えなかったと、その二軒の家は村に出るのには、谷にかかっている丸太の一本橋を、渡らなければでられないんだとさ。ところが自分が橋を渡ると、その丸太橋をはずして相手が渡れないようにして、困らせ合っていたと、ある日一軒の家の者が村に出るので、丸太の橋まで来ると、何んと見たこともない太い蛇が、丸太の橋の上に、とぐろを巻いているんだと、渡ろうとしたその村人は

「俺のいぐ先ぃふさぎやがって、渋てえ蛇だ、俺がひでえ目に合わせてやる」

っといって、持っていた杖で蛇の胴中ぁ思い切りたたいたと。すると蛇は谷川へバターンと音を立てて落ちて行ったと、それから幾日かたって、仲の悪い家と隣り合った畑のあぜ土のあげ合いで、大きなけんかになったんだとさ、今までにない大げんかだったと。

ところが先日、丸太橋の上でたたかれてた太い蛇が、そのけんかを見ていて

「このままでは、あの二軒の家はよくねえ、両方の家の者を、ちつとんべえ（少し）痛

めつけてやるべえ（やりましょう）」
といって、二軒のあらそいのあった畑のあぜに蛇がのたくっていたと。するとうちに一軒の家の者が来て、あぜかき鍬で相手の家の畑のあぜ土を、自分の家の方の畑にあげはじめたと。そのうちに蛇の背中にあぜかき鍬の刀が引っかかったと、すると蛇は怒って、その人の体に巻きついたと。蛇に巻きつかれて驚き、腰を抜かして桑株の所に倒れてしまったと、蛇はまた畑のあぜにのたくっていたと、
しばらくすると片方の家の者がやって来て、てん鍬で相手の家のあぜ土を、自分の家の畑の方にあげはじめたと、それで大蛇の背中の上に乗ってしまったと、蛇は非常に怒ってその人に巻きついたと、すると蛇に巻きつかれたので驚き、腰を抜かして桑株の所に倒れていた者の所に、ぶっ倒れてたと、すると太い蛇は、腰を抜かしている二人の所に近づくと、二人りは
「これからは、悪いことをし合うのは、しねえで仲よくするから、かんべんしてくれ」
と手を合わせて蛇にあやまり、それから二軒の家は仲よく暮すようになったんだとさ。

利根川の白蛇

むかしむかし、利根川に白蛇が住んでいたんだと、ある日その白蛇が利根川岸に出て、

昼ねをしていたんだとさ。すると、そこを数人の子どもが通りがかり、
「何かグウーグウーって変な音がするぜ」
といいながらのぞいてみると、何んと太い白蛇がたぐろを巻いて、いびきをかきながら寝ているんだとさ。子どもたちは白蛇など見たことがないので、とても驚き
「蛇がねているから、起してんべぇ（起してやろう）」
っとゆいながら、子どもたちはその蛇に向って石を投げつけたんだとさ、すると白蛇は飛び起きたが、体に石があって怪我をしてしまったんだと。白蛇は困ってしまい、怪我を治すのに、美しい娘に化けて村の医者の家にやって来て、怪我の治療をしてもらうことになったと、幾日かその医者の所に通っているうちに、あまり美しい娘なんで、その医者が自分の嫁さんにすることになったんだとさ。それで結婚をし子どもも生まれ、幸な生活を送っていたと、ある日医者は遠くへ旅立つことになったんだとさ、それで主人の医者が旅立ったので、白蛇の嫁は
「ようやく自由な身になったでよかった」
といって白蛇に姿を変え家の中で、いびきをかきながら昼寝をしていたんだとさ。するとそこへ主人の医者が帰って来て、入口の所まで来ると、家の中からグウー、グウーっといびきが聞えるんだと、主人の医者は何事かと思いそっと入口の戸を開けてみると、白蛇がたぐろを巻いて寝ているんだと、それで、主人が帰宅したのを気づいた白蛇は、主人の目の前で嫁の姿に変ったんだとさ。それを見ていた主人は、大変驚き白蛇の嫁を追い出すことになったと、すると白蛇の嫁は
「私はこの家を出て行きますが、子どものことは、一生忘れませんから」

とゆって去って行ったんだと。それから白蛇は、かつての利根川の岸に行き毎日残して来た子どもを、思い出して悲しがったんだとさ。

七　きつね・オトウカ・むじな・オサキの話

龍海院のきつね

むかしむかし、龍海院の森にはきつねが、たくさん住んでいて人をよく化かしたんだとさ。龍海院の森は昼間でも暗くて、森の裏手には三日月堀があって、葦《アシ》がいっぺえ茂ってる怖い場所だったんださ
ある年の暮もおそくだったたと、宗甫分村の爺さんが、龍海院のきつねに化かされたんだと。その爺さんの家の者が
「爺さんや、今日はめえ橋（前橋）の町ぃやんで（行って）秋刀魚かって来て、くれまし（下さい）」
とゆうと、爺さんは
「それじゃあ、野良仕事を早めに止めて、秋刀魚ぁ買ってくべえや（買ってきましょう）」
といって、農良仕事を早めに止めて来て、もめんのあさぎの風呂敷を腰にゆわいつけ、晩方秋刀魚かいに出掛けて行ったたと、前橋の街で秋刀魚を買い、風呂敷に包んで腰にゆわえつけて、テックラ、テックラ帰って来たと、それで龍海院の森の所を通りすぎると、今まで歩いて来た道が急に、なくなってしまったんだと、爺さんはびっくりして
「あれあれ、道がどっかへ行ちゅまったが、どうしたんだんべえ（どうしたんでしょう）」
って、一人ごとをゆいながら、ふと手前をみると、大きな川が流れているんだとさ、そして、その川むこうに道が見えるんだと、爺さんは着物のすそを、尻ぱしょい（尻はしょい）

にして川の中へ入って行ったと、しかし、川は深くてなかなか向う岸に渡ることが、出来ないんだと、爺さんは
「おおふけ、おおふけえ」

っていいながら、川の中ぁガシャガシャ歩きまわっていたと。

すると、宗甫分村の一人りがそこを通りかかったと、その村人は「ソバ畑の中を、何かいいながら歩き回っている爺さんをみて、

「爺さん爺さん、こんな所で何ぃしているんだいのう（してるんですか）、かせえ（急いで）家いけえるべえじゃあねえかい（帰りましょう）」

と声を掛けたが爺さんは、夢中になってソバ畑の中を歩き回っているんだとさ、村人は爺さんのそばまで行って、爺さんの背中を少し力を入れて手でたたき、

「爺さん、しっかりしろやい。こんな所で何ぃしているんだいのう（してるんですか）」

ってゆうと、爺さんは目玉をくりくりさせながら、

「ここぁどこだいのう、わしゃあめえ橋で秋刀魚かって、龍海院の所まで来たら、道がなくなってしまってむし（しまってね）、川ん中ぁ歩いていたんだ」

っていいながら、腰にゆわいつけておいた秋刀魚を見ると、なんと、きつねが風呂敷を食い破って、中の秋刀魚をみんな食われてしまっているんだと、それを見た村人は
「爺さんなあ、龍海院のきつねに化かされたんだ、かせえ（急いで）家いけえるべえ」

といって、爺さんを連れて村へ帰って来たんだとさ。

沢渡りのきつね

むかしむかしのことだったと。村から隣の沢渡へ、むこに行った人がいたんだと、その人は、時どき実家に帰って来るんだとさ、その人は沢渡りから実家に来る時は、小さい籠を背負って、その中に何か少し土産を入れて来るんだと、

ある日その沢渡の人が、いつもの籠を背負って実家へ来たんだとさ。すると魚屋が箱の中に目刺しのいわしやいろいろな魚を入れて、売りに来たんだと。沢渡の人はむこに行った先に、目刺を数串かって帰ることにしたんだとさ、夕食にねじっこ（すいとん）をごちそうになって、魚屋から買った目刺のいわしを籠に入れて、暗やみの道い出だしたと、ところがその晩は特に暗くて、手さぐりの様な状態で沢渡りの家に向って、村の永林寺の所までたどり着いたと、それから永林寺のあい向いの道を、沢渡りの方へ登って行くと、すると背負っていた籠が少し重くなったんだと、そのうちに、背負っていた籠の中でガサゴソ音がしてるんだとさ、

「おらあ（俺は）きつねの畜生なんぞに、物をとられるような、まぬけじゃあねえ」ってゆいながら、暗やみの道ぃ沢渡りの家に帰って来たと、それであがりはな（座敷のあがり口）に、背負ってた籠をおろし

「実家へ行ったら魚屋が売りに来たもんで、うんまげな目刺しい、ちっとんべえ（少し）買って来た」

とゆって籠の中あ見てみると、目刺しのいわしは一匹も入っていないんだと、その人は驚いて、

「永林寺の所までけえって（帰って）来たら、背負ってた籠が急に重たくなって、何かへえった（入った）気がしたんだが、たしかあんとき、きつねの畜生が籠にへえって、目刺しのいわしい食っちゆまった（食べてしまった）んに、ちげえ（ちがい）ねえ」

とゆって、くやしがったんだとさ。

オトウカに仕返しされた村人

むかしむかし、オトウカが出て村人を困らせ続けていたんだとさ。
その村では、オトウカに化かされて幾日も幾日も、家に帰れなかった村人もいたり、オトウオに取り憑かれて、家の布団の中にもぐり込み、家の者に顔を見せず
「寿司がくいてえ、ボタ餅がくいてえ」
などとゆうので家の者が寿司を持つて行くと、顔は見せないんだと、家の者が枕元に置くと、家の者が離れると、布団から手をのばし布団の中に引き込んで食べるんだと、家の者は困り果ててしまい、御獄様（山伏修験者）にお願いして、追い払ってもらうことにしたんだとさ、

御獄様は台所で、榊の葉を大量に燃し、けわしい声で呪文を唱えていると、布団から若衆は起き出して来て、家の者に

「何かあったんかい（あったんですか）」

とゆって、平気な顔をしてるんだとさ、

それで家の者が、御獄様に

「この村にやあ、オトウカが多くて困りますが、御獄様は、あんじゃあ（心配は）ねえんですか」

と聞くと、御獄様は

「わしらあ、このホラゲエ（法螺貝《ほらがい》）を持っているから、でえじょうぶ（大丈夫）、これを吹けばな、すべての獣がこの音を聞くとな、恐ろしがって逃げ去るんだ」

って話したと。

それをそばで聞いていた近所の爺さんが、その後、御獄様の家に行き、法螺貝を一本ゆずり受けて来たんだと。

それで村の秋祭りの日だったと、爺さんの家でも、祭の赤飯を煮き隣村へ嫁に行った娘の家に、赤飯を持って行くことになったんだとさ、爺さんは重箱に詰めた赤餅と、法螺貝を持って、娘の家に向ったと、それで村はずれの森の所まで来ると、森の参道のわきに大きなおとうかが昼ねをしているんだとさ、それを見た爺さんは、

「このおとうかが、村のてえ（村人）をひでえめに合わせる奴だな」

といいながら持っていた法螺貝を、おとうかの耳元に近づけて、「ブウーッ」と大きな音を立てて吹いたと、するとおとうかはびっくりして、無中で森りの中へ逃げ込んで行ったた

と、それで爺さんが少し歩きはじめると、あたりが、急に暗くなって来てしまったんだと、爺さんが困っていると、森の中からジャラーンポン、ジャラーンポーンと葬式の鐘の音がして来るだと、そして、それがだんだん爺さんに近づいて来るんだとさ、よく見ると葬式の行列の人たちなんだと、白い着物姿で棺桶を背負って来るんだと、爺さんは恐しくなって、近くの杉の木に登って振えていると、その葬式の人たちは、爺さんの登っている木の下まで来ると、棺桶を爺さんの登っている木の根元の所に置いて、すっと姿を消してしまったんだと、爺さんは恐ろしくて、木の上で振えながら

「このまま木の上に居んじゃあどうにもなんねえ、おっかねえ（怖い）がす早く木から降りて、家ぃ逃げけえるべえ（逃げ帰ろう）」

といいながら杉の木から、す早く降りたと、

　すると、今まで置いてあった棺桶が消えてしまって、ないんだとさ、爺さんは

「こらあ、俺が古っぱの（年とった）おとうかがねてえるのを、ホラゲエでおどかしたんで、あのおとうかが、仕返ぃしたんにちげえねえ（ちがいない）」

といいながら、隣村へ嫁に行った娘の家に無事に祭の赤飯を届けることが出来たんだとさ。

オトウカに憑かれた屋根屋の若衆

むかしむかしのことだったと、屋根屋の若衆がオトウカに、と憑かれたんだと、秋から春にかけて、村へ信州の屋根屋が泊りがけで、屋根ふき仕事に来たんだとさ。ところがその中の若衆が、オトウカにと憑れて寝込んでしまったんだと、すると屋根屋の親方が、
「この若衆には、何を食べさせても若衆が食うのでなくて、この若衆にと憑ているオトウカが、食ってしまうんだから、食べ物は何にも与えねえでくれろ（下さい）」
ってゆうので、その家では若衆に食べ物を与えないでいたと、すると若衆は、すっかりやせてしまい
「何か食わせてくれ　何か食わせてくれ」
と幾日も幾日も泣きながら言い続けていたと、
屋根屋の親方は困ってしまい、オトウカを離すには、秩父の三峰様からお犬様を借りて来れば、オトウカは離れると聞いたので、さっそく秩父の三峰様へ行き、お犬様（をふだ）を受けて来て、寝ている若衆にそのおふだを近づけて
「三峰さまからお犬さまが来たぞ、早く逃げ去らねえと、お犬さまに食われてしまうぞ」
と唱えながらその家の裏口や、戸ぼ口（玄関）におふだをはったと、すると若衆は泣きながら大きな声で
「家のまわりじゅうを、でっけえ犬が取り囲んで逃げられなくなった、おつかなくって

しようがねえ、犬をどこかえやってくれろ」
と叫びながら、布団にもぐり込んで大声で泣くんだと、それを聞いた屋根屋の親方は
「三峰さまからお犬さまが来ても、離れねえオトウカは、うんとひどいめに合わせてやる」
っといって、屋根ふきに使う竹槍を持って来て、布団を強くたたいたと、すると布団の中にいた若衆は、布団から出て来て
「かんべんしてくれ　かんべんしてくれ」
と親方に手を合わせて、泣き続けたと、それからその若衆は、普通になったがすっかりやせてしまっているので、屋根仕事が出来ないので、信州の実家へ帰ってしまったんだとさ。

むじな火と子もり子

むかしむかし、村に大きなむくの木のある家があったんだとさ。そのむくのきは、あまり大きい木なので、安中の方からも見えたんだと、それで安中の方の人たちは、高崎に来るのに、そのむくの木を目じるしにして、高崎に来たんだと。そのむくの木には秋になると、たくさん黒くて甘い実がなって、西風が吹く頃になると、村の人たちや子どもが集って来て、落ちた黒くて甘いむくの実を
「ああうんめぇ（おいしい）ああうんめぇ」

ってゆいながら拾って食べていたんだと、しかし夜になると川の向うの山から、むじなが碓氷川にかけてある。杉の木を半分に割ったさく橋を渡って、幾匹もむくの実を食いに来るんだと、そのむじなはむくの木の下で、むくの実の取りあいで、

「キイキイー、キイキイー」

って鳴きながら、それが毎晩のことなんだと、近所の人達は夜のそのむじなの鳴き声を、恐ろしがったと、そのむじなたちは秋から冬近くまで、むくの実がなくなるまで毎晩のように来たんだとさ。

　そして、ある晩のことだったと、村の一人の子もり子が遊びすぎて、晩方おそくに、家に帰るので田んぼ道い、すっこらすっこら歩いて来たと、するとふわふわ、ふわふわって青白い火が飛んでは消え、飛んでは消えしているんだとさ、それを見た子守りこは、振え出してしまい
「こらあ、今夜はむじなに化かされるな、むじな火がめえる（見える）時は、自分のすぐ近くにむじなはいるものだ」

とゆわれるからその時はまゆ毛をつばでぬらし、自分のまわりの物を思い切って、足でけとばせばむじなは逃げるというから、指につばをつけ両方のまゆ毛をつばで濡してから
「むじなの畜生、これでもこれでもか」

っと大声でどなりながら、あたりをけとばし続けたと、すると青い火がぱっと消えてしまったんだと、そこで子守りこは急いで家へ逃げ帰ることが出来たんだとさ。

むじな捕りが得意な村人

むかしむかし、村にむじな捕りの得意の人がいたんだとさ、その村人はむじなを捕って来ると、むじなの肉を村の人たちに、分けてくれるのだと、その人は多くのむじなを捕るので、村の人たちは「むじなとり」と呼んでいたんだとさ、その人はむじなだけでなくて、笹ぐま（穴ぐま）も捕るんだと、それで、笹ぐまの胃を、軒下に陰干しにしておき、村人の下痢や、子どものひきつけなどになると、無料でそのくまの胃を与えてやり、病気をなおいてやっていて、村の人たちからはあがめられていたと、

むじな捕りは、冬になるとはんてんの裏に、むじなの皮をぬいつけ、あったかげなのを着て、むじな汁をいつも食べているので、丈夫で顔もピカピカ光っているんだとさ。

ある日、近所の人がむじな捕りの技術をまねてむじなを捕ろうとして、むじなとりが山のむじなの穴に、ワナを仕掛けに行く後を、わからないようにしてついて行ったと、ところがむじな捕りは、村人が後をついて来るのを知っていて、いつもはむじなの穴の入口に、ワナを仕掛けるのだが、穴から少し離れた所に仕掛けたと、

すると、かくれてそれを見ていた村人は、

「しめしめ、これで、むじなあ捕ることが出来る」

といって喜んだと、それでその村人は他の山のむじなの穴に行って、ワナを仕掛け、よく日行ってみると、一匹もかかっていないんだと、ところがその朝、むじな捕りは捕ったむ

じなを三匹を背負って山から帰って来たと、それを見た村人は
「どうにすれば、むじなあ、そんなに捕れるんでがんすね（捕れるんですか）」

って聞くと、むじな捕りは、

「それはねえ、人の真似えしてたんじゃあ、むじなぁ捕れねえ」

ってゆいながらけらけら笑ったんだとさ。

オサキととんがらし（唐からし）

むかしむかし、オサキに取り憑かれえて、ひどいめにあった村人がいたんだとさ。
その村人は、普段はとても丈夫で、そのうえ村でも働き者で、村の人たちはほめたたえていたんだと、ところが、その村の人はある日近くの親せきに行き、帰りの土産に重箱にあぶらげ寿司を入たのを頂いて、それを背負って、家に帰って来たんだとさ。すると急に体の具合が悪くなって、寝込んでしまったんだと、それでその人は
「とうふが食いてえから持って来い、あぶらけ寿司ぃ、うんと食いてえから持って来い」
などとゆうんだと、家の者がとうふや、あぶらげ寿司を、まくら元に持って行くと、布団の間から目だけ出して、キヨロキヨロ見ていて、家の者に
「持って来た物を、そこに置いてやべ（行け）」

とゆうんだと、家の者がいるうちは食わねえが、家の者がいなくなると、とうふも寿司もすっかり食べてしまうんだとさ。家の者はそれを知って、とても気味悪がったんだとさ。
家の者は
「こりやあ、親せきからあぶげ寿司ぃもらって帰る時、オサキにとり憑れたんに、ちげえねえ（ちがいない）」
といい家族で相談して、オサキを送り返すことに、したんだとさ、
　家の者が寝床へ行き
「あんたあ、どこから来た者か知らねえが、なんでも、あんたがゆうみやげぇ持たせて送ってやるから、帰ってくれめえか（帰ってくれないか）」
って聞いたんだと、すると
「おらあ、近くら来たもん（者）だ、うんめぇ物を、たくさん作って送ってくれりやあ、俺は帰る、だがなうんめえもんの中に、とんがらし（とうがらし）ぃ入れちやなんねえ」
ってゆうんだと、家の者は、あぶらげ寿司や煮しめ物を作り、重箱に入れそれを背負わせて、本人がゆう所まで送って来たが、オサキは離れないんだとさ、家の者はあきらめて、家に帰って来て
「やっぱり、オサキは離れなかった、先日親せきから帰るとき、あぶらげ寿司ぃもらって来るとき、重箱の上へとんがらしい上げて来れば、オサキはとんがらしい、いやがって取り憑かなかったんだ」
といい、それからその村では、人に持たせてやる食べ物の上には、おさき除けにとんがらしい乗せてやるようになったんだとさ。

オサキに物を盗られた家

むかしむかし、オサキに家の物を多く盗られて、困り果た家があったんだとさ。

その家の爺さんが、蚕にくれる桑とりにザマ籠を背負って出掛けたと、土橋の所まで来ると、いたちより少し小さくて、灰色で尻尾がざんざらの動物が、二十匹程の群で土橋の下へ、ヒヨコヒヨコ入っていぐんだとさ。爺さんは、

「おらあ、長げえことここで生きてるが、こんな変な生き物を、見たこたあねえ、うすっ気味が悪い」

といいながら、群の最後のやつに石を投げ付けたと、すると石は命中したと、するその生き物は「キイキイキイー」と、耳を突刺す様ないやな声で鳴くと、先に橋の下に入ってて行った数匹がもどって来て、石をあてられて鳴いているやつの、首や背中や尻尾をくわえて橋の下に連れて行ったと、それを見た爺さんは、

「おかしな生き物がいるもんだと」

ゆいながら桑畑に行って、桑摘みを終えて家に帰り、土橋の所で見た不思議な生き物の話を、家の者にしたと、家の者もその話を聞き驚いたと、
そして一晩たって起きてみると、爺さんの家の蚕が一匹もいないんだと、家の者は
「けえこ（蚕）は、どけへ（どこえ）行ちゆまったんだべぇ（いってしまったんだろう）」

といって、近くをさがしたが、蚕はついと一匹もみつからないんだと、それから蚕だけで

なく、爺さんの家の米びつの米や、粉びつの粉がなくなるんだと、爺さんの家は困り果てていると、近所の年寄りで物知りの婆さんが、その困っている話を聞いて、爺さん家《ち》にやって来て、そこで、爺さんから土橋の所での不思議な生きものの話を聞くと婆さんは
「それがオサキだ、オサキは群をなしていて人の家の蚕など、それを口でくわえて、オサキが飼われている家に運んでしまうんだ、米も口にくわえて運ぶと、粉は毛の中にふくませて運ぶんだ、群で運ぶから大変な仕事を、オサキはすんだよ」
って話してくれなんだと、爺さんは
「土橋ん所で見た変な動物の群が、あれがオサキだったんだ、オサキって恐ろしいことをする動物だむし（動物ですね）」
といって、怖がったんだとさ

山オーサキに取り憑れた娘

むかしむかし、その村でオーサキに取り憑れるのは、女性が多かったんだとさ。

その村には、オーサキについての言い伝があって、オーサキには、家オーサキと、野良オーサキ、山オーサキとゆうのがいるんだと。家オーサキは家に住んでいる、野良オーサキは田畑に住んでいる、山オーサキは山に住んでいて、どのオーサキも人に取り憑いたり、

人の家の蚕や米、粉などを持ち去ってしまうのだと。それでオーサキとゆうのは、ねずみより少し大きくて、灰色で頭は丸く口はとがっていて、耳は小さいがピンと立っているんだと、尻尾はきつねのように、ほうき形で細長くそして群をなしで行動するんだと。

ある日村のやさしい一人の娘が、山へたき木取りに行き、峠の所で小便がしたくなったので、用をたしたんだと、それからたき木を一束とり、背負って家に帰って来たんだと、ところが娘が急に変な態度をするんだと、目をキヨロキヨロし、顔つきもこわく、早口で何か一人ごとを言っているんだと家の者は、娘が変り果ててしまったのを見て

「娘は山へやんで（行って）山オーサキにと憑れたんじゃあねえか」

とゆって、村の拝む人（神道）の家に行き、このことを話し、拝む方を頼んで家に来てもらったと、

神道の方は、家に来るなり

「家の者は、別の部屋へ行ってくれろ、祈りが済むまで　この部屋に来てはならねえ」

といって、家の者全員を別部屋へやり、神道は白装束に着がえて、弓矢を持ち娘が寝ている東側に行き、娘が寝ている布団めがけて、弓を引きしぼったかと思うと、ヤアーと大声を上げ、矢を放ったと。矢は娘の寝ている布団に命中したと、すると神道は西側に行き同様に布団めがけて矢を放ち、次に南側からそして北側からと、布団ねらって矢を打ったんだと、ところが最後の矢を放つと、娘は飛び起きて、裏の出口の所まで走って行きそこでバターンと倒れたと、

するとそこでオーサキが娘から離れ、娘はもとのように元気になったんだとさ、家の者は、

「この村じゃあ、山の峠で小便すると、その間に、山オーサキがその人に、とり憑とゆわれる、娘はそれぇ知らなかったんだ、まあ、オーサキが離れてよかった」

といって安心したんだとさ。

八　うたのついている話

鳥になった女の子

むかしむかし、継母《ままはは》に育てられた、かわいそうな女の子がいたんだとさ。
継母は、その女の子をうんといじめていたと、ある日父親が遠え仕事に出掛けたと、すると継母は
「今日はおとっあん（父親）がいねえもんで、その分までうんとかせげ（働け）先づ前の川へやんで（行って）篭で水う汲んでこい」
って言いつけたと、女の子は篭を背負って川に行ったが、篭の目から水がもぐってしまい、どうしても篭で水を汲むことは出来ないんだと、女の子は篭を背負って、しぶしぶ家に帰って来ると、それを見た母親に
「なんで篭で水が汲んで来られねえんだ、水がだめなら山へやんで（行って）バラを刈り裸になって、バラぁ背負ってこう」
っていい付けたと、女の子は鎌を持って泣き泣き山へ行き、猿とりバラを一束刈り裸になって、そのバラを背負ったがバラのトゲが背中に刺さって、痛くてどうしても背負って来られねえんだと、女の子はまたしぶしぶ家に帰って来たと、すると継母は
「この意気地なしめ、どうしてバラが背負って来られねえんだ」
といいながら、女の子をうんといめたたと、すると女の子の姿が、急に見えなくなったかと思うと、きれいな一羽の小鳥が、すうっと空へ飛んで行ったと。

そんなこととは知らず、父親は山道を急いで帰って来ると、すると谷間できれいな小鳥が、いい声で啼いているんだとさ、父親はその小鳥があまりきれいな声で啼いているもんで、ずっと立ち止めて、啼くの聞くと

　チーンチロリン
　チンチロリン
　おとっあんがいたならば
　篭で水う汲むまいし
　裸でバラもしうまいし
　チーンチロリン
　チンチロリン

ってくり返しくり返し鳴いているんだとさ。
「父親は不思議なことを啼く鳥がいるもんだ」と思いながら、急いで家に帰って来てみると、
　女の子の姿が見あたらないんだと。継母に聞くと
「わしの言うことを聞かねえから、うんとしめたら、女の子の姿がめえなくなって、きれえな鳥が一匹飛んでった」

鳥になった女の子のうた

♩＝約65位

採譜　酒井　正保

チー ン チ ロ リ ン チン チ ロ リン
お とっ つあん が い た な ら ば
か ご で み ず く む ま い し
は だ か で ば ら も し う ま い し
チー ン チ ロ リ ン チン チ ロ リン

と言うんだと、父親は急いで小鳥の啼いていた谷間へ行って見たと、しかし、小鳥の姿は見あたらなかったんだとさ。

狸の恩がえし

むかしむかし、茂重さんという百姓の爺さんがいたんだとさ。
ある日茂重さんは、町ぃ買い物に行って、大きな塩鮭を一匹買って、夜道を帰って来たと。途中まで来ると息子が
「おとう（父さん）おせえから心ぺえんなったで、むけえに来た」
とゆって、茂重さんのを迎えに来たと、茂重さんなあ
「そうかい、そりゃぁありがてえ」
ってゆうと、息子は
「おとうの背負ってるなあ、そりゃぁ何んだい」
とゆいながら息子は、茂重さんの背中の鮭に指さしたと、すると茂重さんは
「これか、こりゃぁ鮭ぇ、うちぃ土産に買って来たんだよ」
といったと、すると息子は、
「そうかい、重てえだんべ、それ俺が持ってやるべぇ」

とゆうんので、その大きな鮭を息子に渡したと、それで茂重さんは、すっかり安心して家に帰って来たと、すると息子が家の中でいろりの日にあたっているんだとさ。息子は茂重さんを見るなり、

「おとうが、あんまり遅《おせえ》から今むけえに、いぐべえと思っていたところなんだ」

ってゆうんだと、それを聞いた茂重さんは、

「ええ、さつき山までむけえに来たなあ、おめえじゃあなかったんか、はてなこりゃあ、山の悪だぬきに塩鮭ぇ盗られちゅまった」

といって、茂重さんはうんとくやしがったと。

その後茂重さんは、あの悪狸をどうにかして捕《つかま》えることを考えたと、それで山にワナを仕掛けたんだと。するとある日ワナに悪狸がかかっていたと、茂重さんは悪狸の四つ足を縄でしばり、村の庄屋様の喜助さんの家に持って来て、

「庄屋さん庄屋さん、この悪狸の畜生は、こねえだ（この間）俺をだまかして、でっけえ塩鮭ぇ盗ってしまったんだ、今夜狸汁にして、こいつぅ食ってしまうべえ」

とゆうと、狸をよくみていた庄屋の喜助さんが

「茂重さん、そりやあおやげねえ（可哀想）ほうれ見てみな、狸の目から涙が出てるじやあねえかね、狸がさぁ命だけは助けてくんなつて、泣いてるんだよ、どうだこの狸ぃわしに、売ってくれめえか狸に二度と悪いことをしねえように、わしからこの狸によういいきかせるから」

といって庄屋様は茂重さんから、狸を売ってもらったんだとさ。庄屋様は狸の縄をはずしながら

「これ狸や、二度と悪いことをするんじゃぁねえよ」

ってゆって狸を山へ放してやったと。

ところで庄屋様の裏の土地は、うんと荒れ果てている藪だったんだと。ある朝庄屋の喜助さんが、裏へ出てみると何んと荒れ果てていた藪が半分程、すっかりいい田んぼに変っているんだと、庄屋様は
「こんないい田んぼに、だれがしてくれたんだべぇ
(してくれたんでしょう)」

といいながら、びっくりしていたと。ある晩のこと庄屋様は、裏の大木の影にかくれ見張っていたと、すると放してやった狸が、二匹の仔を連れて手に手に鍬を持って現われ、親狸が、

「さあ、そろそろ仕事をはじめるぞ」

と仔狸にゆうと、庄屋様が見ているとも知らず。

やっこらどっこい
うんこらしょ
藪も根こも堀り起せ
秋にゃ豊年万作じゃ

と大声で歌いながら藪を耕しはじめたとさ、それを見ていた庄屋様は

狸の親子のうた

採譜　酒井　正保

♩=約70
やっ こら どっ こい うん こら しょ
や ぶも ねっ こも ほり おこ せ
あ きにゃ ほう ねん まん さく じゃ

「ああ、ありがとうよ、あの時助けてやった狸が、恩げえしに田んぼを作ってくれるなんて」

といいながら、涙ぁ流して喜んだと。その後この田んぼでは、毎年毎年米がたくさんとれるようになり、村人たちはこの田んぼを

「たぬき田」

って呼ぶようになったんだとさ。

殿様に歌を聞かせた爺さん

むかしある所に、とてもやさしいお爺さんがいたんだとさ。

ある日爺さんが庭に出ると、一匹の小鳥が飛んで来て、爺さんの頭に止ったかと思うと、爺さんの口の中にその小鳥が飛び込んでしまったんだと、すると爺さんの脇の下から羽が生えてきたと、爺さんはおどろき、その羽を引張ってみたと、すると爺さんが歌いはじめたんだとさ。

ちんちようちくりん
たんころりん
こんがりさらさら

おちゃらかぴぃ

と、うんときれいな声で歌うんだと、それから爺さんは脇の下の羽を引張って、歌うようになったんだと、そして、そのことが村中に広まり、殿様の耳にも入り殿様から

「ぜひ聞きたい。爺さんを連れて来い」

との命令で、爺さんは殿様の前で歌う事になり、殿様の前で殿様に知れぬ様に、脇の下の羽をそっと引張り、きれいな声で歌えたんだとさ、

その美しい歌を聞いた殿様は非常に喜んで、爺さんに訳山のほうびを下さったんだと、爺さんは家に帰りそのことが、近所や村人の評判になったんだとさ。すると、そのことを聞いた隣の爺さんが

「俺も殿様ん所へ、やんで（行って）歌って、うんとほうびいもらうべえ」

といって、殿様のところへ行き

「殿様、わしもいい歌を聞かせます」

といって、歌おうとしたが、どうしても歌が出て来ないんだと、それで爺さんがうんとりきんだと、すると屁がプウーっと出てしまったんだとさ、ところが殿様はうんと怒り

「無礼な奴」

といって、爺さんは首を切られてしまったんだとさ。

殿様に歌を聞かせた爺さんのうた

採譜　酒井　正保

♩＝約72位
ちんちょう　ちくりん　たんころ　りん
こんがり　さらさら　おちゃらか　ぴぃ

両親に捨てられた子ども

むかしむかし、両親に捨てられた可哀想な子どもがいたんだとさ。その子どもは幼い時に母親と死に別れ、次に来た恐ろしい継母に育てられたんだとさ。

ある日父親が遠くの旅に出掛けたんだと、するとその留守に継母がその子どもを大釜の中に押し込み、下から火を燃いて殺そうとしたが、なんと釜ので神様のお札がぐるぐる回っていて、その子どもを殺すことが出来なかったんだと。すると母親はうんと怒って

「釜で死なねんじゃぁ、いのり釘で殺してやるべえや（殺してやる）」

とゆって人に知れねえように、夜中神社のご神木に藁人形をゆわえつけ、その人形にいのり釘を打ち込んで来たと。それで朝起きて見ると、何んと子どもの顔が血だらけなんだと、すると、そこえ旅から父が帰って来たんだと、継母は父親を見ると

両親に捨てられた子どものうた

♩＝約65位　　採譜　酒井　正保

ひとつの　ときに　ははおや　と
わかれて　くろうが　はじまっ　た
とうさん　かあさん　いたなら　ば
こんな　しうちを　うけまい　に

「こんながき（子ども）の顔は見たくもねえどこかえぶちやって（捨てて）きとくれ」
とゆうんだと、父親は仕方なく子どもを家から追い出してしまったんだと。
可哀想に子どもは、血がいっぺえ（いっぱい）出ている顔で、泣きながら何回も何回も
家の方を振り返り
ひとつの時に母親と
別れて苦労がはじまった
父さん母さん居たならば
こんな仕打ちは受けまいに
と哀しげに歌いながら泣き泣き何処か遠くへ行ってしまったんだとさ。

心に残る上州の伝承民話を訪ねて

項目

（一）親を思いやる話（五話）

（二）不思議な話（十一話）

（三）笑い話（七話）

（四）怖い話（九話）

（五）カッパ・天狗・鬼の話（七話）

（六）蛇の話（六話）

（七）きつね・オトウカ・むじな・オサキの話（九話）

（八）うたのついている話（四話）

計五八話

酒井正保　さかい・まさやす

■略歴
埼玉県に生まれる。日本大学芸術学部音楽学科卒業
劇団バラ座で佐々木孝丸、千秋実両氏に師事
NHKより18年間レギュラーとして連続放送
昭和24年より民俗調査に入る
町田佳声《かしょう》氏、小泉文夫氏、松平頼則《よりつね》氏に師事
元日本大学芸術学部特別講義講師、高崎芸術短期大学教授
育英短期大学教授、群馬医療福祉大学講師、県文化財総合調査委員

■現在
群馬県ボランティア活動推進委員、高崎市人権教育講師

■主な著書
「群馬のわらべうた」（音楽之友社）
「日本の音楽教育」（音楽之友社）
「群馬郷土民謡集」（上毛新聞社）
「上州の民謡とわらべうた」（煥乎堂）
「日本の民謡集　関東編」（雄山閣）
「上州の民話」（未来社）
「埼玉・上州の民話」（ほるぷ社）
「上州路のむかしばなし」（あさを社）
「上州風土記　子どもの遊び」（あさを社）
「前橋昔がたり」（朝日印刷）
「新編　群馬の民話」（未来社）
「前橋とその周辺の民話」（朝日印刷）
「群馬のわらべ歌」（柳原書店）
「上州路の埋もれた民俗」（あさを社）
「民話・上州路の笑い話と怖い話」（あさを社）
「日本の民話　－群馬編－」（未来社）
「ぐんまの伝承わらべうた」（朝日印刷）
「上州最後のマタギたち」（朝日印刷）
「民話が語る上州の妖怪」（上武印刷）
「上州路の民謡を訪ねて」（上毛新聞社）
「榛名山東面の生活と文化を訪ねて」（上毛新聞社）上毛芸術文化賞・県文学賞受賞
「上州路の民話と諺・謎掛けの民俗を訪ねて」（上毛新聞社）
「上州路の民間医療と禁忌の民俗を訪ねて」（朝日印刷）
「群馬の伝承民謡とわらべうたの旅」（朝日印刷）
「上州路の伝承わらべうたの旅」（朝日印刷）
「上州の方言と妖怪の民俗を訪ねて」（上毛新聞社）　他

■論文
「乳幼児を持つ障害者の家庭教育」（文部省）
他15 編

■現住所
〒371-0805　群馬県前橋市南町三丁目74-15　　TEL 027-221-2469

心に残る上州の伝承民話を訪ねて

2021年４月26日発行

著　者　酒井　正保
発　行　上毛新聞社デジタルビジネス局出版部
群馬県前橋市古市町1-50-21
TEL 027-254-9966　FAX 027-254-9965

ISBN978-4-86352-282-4